JN074391

スキルを活かす！

**2024年版**

理系・語学系×企業

# ジョブマッチング

日刊工業新聞特別取材班 編

　優れた技術や開発力を持つ企業にとって、優秀な人材を確保することは喫緊の課題となっています。また、アフターコロナの状況でグローバル化の進展が予想される中、海外で活躍できる高い語学力を持った人材に対するニーズもますます高まっています。2024年入社の就職戦線は、企業の戦略的な人材獲得に向けた取組みがさらに活発していくことが予想されます。

　本書では、製造業をはじめ、さまざまな分野できらりと光る魅力を持つ企業の事業内容と、そこで活躍している若手社員の声を多数紹介しています。本書の中には、学生の皆さんがこれまであまり知らなかったリアルな情報が多数盛り込まれています。

　本書の中から興味を持った企業があれば、ぜひアクセスしてみてください。これまでとは一味違った新たな世界を知ることができるでしょう。有意義な就職活動を展開するために本書をぜひご活用ください。

日刊工業新聞社

スキルを活かす！

2024年版

理系・語学系×企業

# ジョブマッチング

目 次

# 本書の構成

　新卒採用が"売り手市場"と言われて久しい。2024年入社の就職戦線は、学生ばかりでなく、人手不足に悩む日本企業も不安を抱えている。本書は主として2024年に就職を目指す学生向けに、就職活動に役立つ情報を提供し、有能な若手を求める企業との橋渡し役になることを狙いとしている。

　本書の前半部分では社会人経験が豊富な専門家からのメッセージと、若手社会人の座談会を収録。続けてユニークな技術やサービス、開発力などをもった粒ぞろいの企業を紹介している。同コーナーでは上場企業から中堅中小企業まで、幅広い企業について日刊工業新聞の特別取材班が総力を挙げて取材した。

　大企業の中には、これまで新入社員を総合職として一括採用していた企業が、職種別採用を導入する動きもある。企業側には選考段階から、技術など特定の専門分野に秀でた学生を研究開発や設計、技術営業などの専門部署に配属しようという狙いもあるようだ。

　その一方で中堅中小企業では、営業から技術まで幅広い職種を若手社員に経験してもらい、本人の適性や希望を考慮してキャリア形成を図るといった育成方法もある。また、本書でも紹介している優良な中堅・中小企業の多くは、合同企業説明会にも出展している。オンラインも含めて経営層と直接話せる機会もあるので、気になった企業の人材育成方針などについて話を聞いてみるのもよいだろう。

　本書を通じて読者に伝えたいことはこのほかに、「就職活動（就活）では自分なりの軸をもつとよい」「企業選びでは複数の情報源にあたるべきだ」ということ。晴れて自分が志望していた企業に入社できたとしても、社会情勢や社内の事情により希望した職種につけないことや、予期せぬ転属や職種替えもあるだろう。ところが、企業勤めにおいては、思わぬ出来事が後になってから吉と出ることはままある。

　本書が読者にとって納得のいく就職活動と、入社後のキャリア形成の一助となれば幸いである。

# 点数順に決まるとは限らない "就活"
## さまざまな情報源から企業の見極めを

千葉商科大学国際教養学部准教授　常見　陽平

## 安心しろ、採用担当者は不安だ

「理系の学生に見せびらかすためにスーパーコンピューターを購入した」

「大学近くの寿司屋を1カ月貸し切りにして、学生を招待した」

「シリコンバレーでインターンシップを実施した」

羽振りのよい話だが、すべて実話である。しかも、私の古巣リクルートが主に理系学生を採用するために行ったことである。リクナビやインディードなどの求人プラットフォームで知られる同社だが、自社も採用を生命線としていることがよくわかる。

「就活」と聞いて、不安を感じている学生も多いだろう。青春、さらには「自由な人生」の終わりがやってきたかのように感じるかもしれない。実際、四半世紀前の私もそうだった。

しかし、安心してほしい。採用担当者も不安なのだ。自社は就職先として認知されているのか？応募はあるのか？学生を見極めることができるのか？内定辞退されないか？入社後、早期離職しないのか？このような不安を抱えて生きている。

合同企業説明会の会場の控え室に行ったことはあるだろうか？私は何度もある。ブースでかっこよくプレゼンをしていた採用担当者たちの素顔、本音がそこにはある。疲れ果てて仮眠をとる人、他社の人事に「学生が採れない」と愚痴をこぼす人、本社に学生との接触状況を報告する人などである。この光景を見ると、学生も人事に同情し、安心するかもしれない。

学生の皆さんに気づいて欲しい。時代は採用氷河期なのである。若者は減っている。大学進学、就職で若者が減るスパイラルに陥っている

地域もある。地域だけでなく、業種、職種、企業規模によっても深刻度が異なる。

今、企業が喉から手が出るほど欲しいのは、理系の学生である。企業社会全体でテック人材が求められている。あらゆるビジネスでデジタル化が進んでいる。特にエンジニア候補生は常に争奪戦になっている。職種と専攻分野が異なっていても、理系のバックグラウンドがある学生に企業は熱い視線を注ぐ。

最近では新卒の待遇改善の動きも相次いでいる。新卒の初任給3割アップ、さらには職種によっては入社1年目でも年収1000万円が実現する人事制度を導入した企業もある。外資系企業との人材争奪戦が加熱し、日本企業も給料を大幅にアップせざるを得ないのだ。

学生はこのような事情を知らず、不安になる。採用担当者はその不安につけ込む。いま、この企業に決めないともうチャンスがないかのように装う。目を覚ましてほしい。企業はあなたを求めている。採用担当者こそ不安なのだ。だから自分を安売りしてはいけないのだ。

## 受験と就活は違う

就活を始めたばかりのあなたにもう1つ、伝えたいことがある。それは、受験と就活は異なるということだ。真面目な学生ほど、この罠に陥りがちだ。

就活は受験のように、公正に行われるとは限らない。採用活動とは、企業活動の一環である。企業とは永続的な価値の創造と利益の追求を目指す存在である。そうであるがゆえに、建前と本音が乖離し、ときにコンプライアンス違反すれすれの行為が行われることもある。

例えば、「オワハラ」が問題となっている。これは「就活終わらせろハラスメント」である。内定受諾や、他社の内定辞退を強要するなどの行為を指す。他社を辞退するまで何度も選考を入れるなどの嫌がらせもあれば、しつこく電話をする企業もある。

一方で、受験のように必ずしも点数順に決まらないのも就活の特徴だ。内定者全体のバランスを考え、選考での評価が高くなくても内定が出ることはある。選考基準も毎年、見直される。

採用ルートも実は公になっているものだけではない。大学や研究室・ゼミからの推薦ルート、有名大学中心の早期選考ルート、インターンシップからの囲い込みなども存在する。一方で、大学名を問わず、広く一般に公募するルートもある。表向きの情報だけを信用してはいけない。

このように、就活の裏側ではどす黒い私利私欲が渦巻いている。一方で、受験のように公正なものとは限らないがゆえに、生まれるチャンスもある。このような事情を把握しておきたい。

## たしかな情報をもとに、様々な角度から企業をみる

納得のいく企業選びのために、何が必要か。複数の情報源にあたることをおすすめする。様々な角度から企業を読み解くとよい。

前提として、就職ナビを全面的に信用してはいけない。所詮、これは広告だ。運営会社が審査を行ってはいるものの、掲載料を支払っている企業側の論理でつくられている。「ぶっちゃけ話」などが掲載されているが、所詮、採用担当者が監修した、仕事の現実を伝えるためのものであり、赤裸々すぎる話は掲載されない。企業の採用サイトも同様である。

新聞、雑誌などの情報も参考にはなる。図書館などでデータベースに企業名を入れて検索してみるとよい。ニュースサイトにおいて企業名を入れて検索する手もある。一方、これは記者の視点で切り取られた情報ではある。

ネット上の掲示板やSNSで口コミを検索する手もある。ただ、これもまた嘘の情報や、個人的見解がそのまま掲載されていることもあり、読み解く際には注意が必要だ。

先輩後輩など親しい関係でなければ、必ずしも本音を話してくれるわけではない。また、あくまでその年次、役職、職種の視点での話になりがちだ。特に新入社員などは社会人生活への戸惑いなどもあり、話がネガティブになりがちだ。

とはいえ、これらの情報はまったく役に立たないわけではない。情報の性質を理解しつつ、様々な情報を組み合わせて、企業への理解を深めよう。

気をつけるべき点は、「働く人にとってどうなのか」という視点で見ることだ。いくら商品・サービスが優れていても、業績がよくても、それは顧客や株主にとってメリットがある話であって、これらの結果を生み出すために、従業員は疲弊しているかもしれない。業績や評判が今、悪くても今後、よくなる可能性はある。これ以上悪くならないと判断できるかもしれない。私が最初に入った企業は創業者が贈賄事件で逮捕された上、投資の失敗で借金が1兆円あった。ただ、この企業はきっと立ち直れると現役社員を信じ、入社した。いまや日本の時価総額ランキングトップ5に入っている。

冷静さと情熱を胸に、自分の目でみて、自分の頭で考えてほしい。あなたなら、それができるはずだ。

---

プロフィール（つねみ・ようへい）

働き方評論家／いしかわUIターン応援団長
一橋大学商学部卒業後、リクルート、バンダイ、ベンチャー企業を経て、一橋大学大学院社会学研究科修士課程での学び直しを経て、大学教員に。大学生の就職活動を研究。働き方をテーマに執筆・講演などに没頭中。『僕たちはガンダムのジムである』（日本経済新聞出版社）『なぜ残業はなくならないのか』（祥伝社）など著書多数。

# アンテナを高く張って自分に合った個性豊かな
# 中堅・中小企業へアプローチしよう

法政大学大学院　特任教授　臼田 昭司

　理系、文系に限らず、就活学生は大手企業への就職を目指す人が多い。大手企業は、総合力を駆使して人材を求めている。

　学生にとっては有名企業の調査、リサーチを開始し、説明会への参加から挑戦していくが、現状では、内定を得るまでにはかなり厳しいハードルがある。

　その理由として、以下のことが挙げられる。

1. 自分のやりたいことはさておいて、まずは有名企業に入社したい。入社してしまえばその後は何とかなると考えている学生が少なからず存在する。
2. 東京、大阪などの大都市を離れたくない、いわゆる全国版（地方を含めて働き場所にはこだわらない）ではない。
3. 学生同士の切磋琢磨が薄れている。
　課外活動や趣味、クラブ活動に熱心な学生は今や少数派で、アルバイトなどに時間を取られている学生が少なくないようだ。
4. 履歴書の資格の欄が空白の学生が多い。
　在学中に資格をとっておくと、就活の際に大きな武器となる。ただし、一口に資格と言っても専門分野によって多くの種類があり、難易度も異なる。電気系では、電験3種（電気主任技術者試験）、情報処理技術者試験（基本情報技術者試験）など、機械系では、CAD利用技術者試験、機械・プラント製図技能検定、危険物乙4類および5類などがある。TOEICはスコアの評価になるので、自分の英語力のレベルを確認できる。

　これらの資格は、自分の専門分野やレベルに合わせて挑戦することができる。
5. 指導教授や関係教授が推薦した企業には関心を示さない。かつては、このスタイルでほとんどの学生が就職を決めていた。企業側も学生側も互いに信用できるつながりで就職していた。昨今の学生は自分で企業を探すケースが多い。これは企業、学生にとってリスクが大きい。

## 面接にたどりつけない理由

　企業の入社試験で最初に実施されることの多いSPIで新たな傾向がうかがえる。

　SPIとはSynthetic Personality Inventory（総合適性検査）の略で、1973年に"学歴や職歴などの表面的な情報だけではなく、個人の資質をベースとした採用選考に寄与したい"という考え方から誕生した試験である。現在はリクルートマネジメントソリューションズが提供している。

　SPIの内容は大きく2つに分類され、1つは働く上で必要となる知的能力を測る「能力検査」、もう1つは、応募者の人となりを把握するための「性格検査」である。現在ではほとんどの企業が採用している適性検査であるが、SPIに類似した独自の適性検査を実施している企業も多い。

　最近の傾向として目につくのが、理系、文系の学生に限らず、対面（面接）までたどりつかないで、このSPIで不合格になる学生が多いことである。先述した学生の現状が直接、間接的に影響していると考えている。

　十数年前までは、SPIは通って当たり前、本番の面接で頑張って内定を得るという就職試験

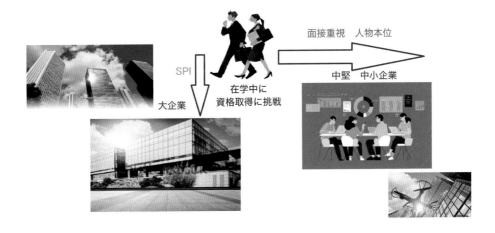

のスタイルであった。

　また、理工系の学生に簡単な基礎学力を問うものに口頭試問がある。たとえば電気であれば、"オームの法則、キルヒホッフの法則をホワイトボードで説明しなさい"、機械であれば、"機械の4力について説明しなさい"などだが、これらに答えられない学生が多い（試験官の前で緊張のあまり我を忘れてしまうことも理由の1つであろう）。

## 魅力的な中堅・中小企業を選択肢に

　企業規模の選択肢について、考えてみよう。中堅企業や中小企業にはさまざまな職種があり、将来性がありかつ特徴ある企業が多い。この中で、自分の仕事の将来像に合った企業を選ぶチャンスがある。就活に際し見逃せない重要な選択肢である。

　特にベンチャー型の企業や中小企業の中には、面接重視の人物本位で採用を行っているところが多い。中堅企業や中小企業は限られた採用条件の中で、会社の特徴やビジョンを訴え、人材発掘に精力的に取り組んでおり、新規採用のあらゆる機会を捉え、積極的に学生に会社のポリシーを訴えている。学生がこのチャンスをタイムリーに捉えていけば自分に合った会社選びができる。企業選択肢のチャンスは大いに広がる。

　中小企業、ベンチャー企業の中には、数年先の新規上場を見据えて企業経営を進めているところもあり、また、新規商品開発に重点をおいているところも多く、企業の躍進が目覚ましい。新卒のエネルギッシュな若い人材に期待しているので、常にアンテナを高く張って広く企業情報を得てほしい。

　就活の際に、面談などで直接コミュニケーションをとることにより、これらの情報に触れることができ、自分自身のやりたいことが自ずとみえてくる。

　大企業は長く培ってきた企業ノウハウや総合力を駆使して、中堅・中小企業とは異なる幅広い事業を展開してきているが、中堅・中小企業は大企業にないスピーディなフットワークと即断、実効性をもっているので、与えられた業務を通して自身の活路を見出し、将来に賭けてみることは、今後の大きなチャンスにつながるのではないか。

---

プロフィール（うすだ・しょうじ）

法政大学大学院・
気候変動エネルギー政策研究所
特任教授・特任研究員
北海道大学大学院博士課程修了
工学博士　IEEE Senior Member
ベトナム　ホーチミン工科大学客員教授、ミャンマー　マンダレー工科大学客員教授

リチウムイオン電池の研究指導で電気科学技術賞を受賞（2013年）
1994～現在：大阪府立工業高等専門学校（現大阪公立大学工業高等専門学校）、大阪電気通信大学、法政大学にて学生の就職活動を支援。『リチウムイオン電池回路設計入門』（日刊工業新聞社）など著書多数。

# 自分のキャリアをどう構築するか

水野　操

　これから社会に出る若い皆さんへの企業の選び方やキャリアの選択についてのアドバイスをという宿題をいただいた。まったく時代の違う若い皆さんに筆者の時代のアドバイスが当てはまるとも思えないし、単にアドバイスというならありきたりの内容になってしまいそうだ。さらに、今からの時代、海外の企業で働くことは今まで以上に普通の選択肢となるであろうし、あるいは起業も当たり前になってくるだろう。従来のような大きな成長を目指す起業だけではなく、フリーランスやインディペンデント・コントラクターといった、プロフェッショナルとしての一人起業も当たり前になっていくことが考えられる。とはいえ、時代を超えて共通のこともあろうかと思う。ということで、筆者の経験を棚卸ししつつ、筆者が気になったポイントを中心に進めようと思う。

　今から書くことは筆者ができたことだけなく、できなかった、なぜそういう動きができなかったのだろうという反省も含めている。

## キャリアは運や偶然に左右される

　なんとも救いようのない小見出しを掲げてしまった。皆さんの興味があるのは、おそらくどんな産業を選んだらよいのかとか、どんな職種を選んだらよいのか、ということではなかろうか。筆者がAI（人工知能）と職業についての本を書いた時にも似たような質問をたくさん受けた。だが、その前によく知っておいてもらいたいことがある。どんな基準で企業や職種を選んでいたとしても、キャリア構築の過程において「運や偶然に強い影響を受ける」と考えている。

　狙っている企業があったとしても、時代的にリセッションだったとか、ごく最近のことで言えばコロナ禍の影響を受けた先輩たちを見れば、よくわかるのではないだろうか。逆に言えば、運や偶然といかにうまく付き合うのか、ということが自分のキャリア形成に重要だ。筆者にしてもみても、大学時代に夢見た航空業界とは、卒業時の業界の状況から、キャリアの初っ端から縁がなくなってしまったが、その代わりに偶然にも伸び盛りのソフトウェア産業と関わることになり、しかも、関わった最初の会社が筆者の修士論文の内容にまともに被っていたということで、巡り巡って現在もそのおかげで独立して事業をすることができるようになっている。

　皆さんも、これからのキャリアのなかで産業、会社、職種など多くの偶然のめぐり合わせに出会うと思う。意に沿わないものも決して少なくないと思う。しかし、それとうまく付き合う、能動的に活かすことが満足度の高いキャリアのつながるのではと筆者は考える。この後の話もそれを前提にこの後の話をしたい。

## 上げ潮のインダストリーや企業を探そう

　製造業に限らないが、自分の興味とか希望とは別に、自分が関わろうとしている企業がどんな業界にいるのか、また、その会社が持っているテクノロジーとかコアバリューがなんなのかを把握していることは重要だ。とはいえ、まだ就活生であるとか、入社して数年の若手ではそこまで把握することは難しいと思う。

　そこで、一つ考えてみたいのは、自分の志望している産業が今伸びつつある業界なのか、安

定しているのか、あるいは正直あまりぱっとしないのかということだ。もちろん、最終的にはその会社がどうなのか、ということなのだがとりあえず、その会社が伸びている産業に属していれば会社自体も伸びる可能性が上がるし、そこに関わる自分のキャリアアップのチャンスも上がる。

　筆者が社会に出た頃、インターネットの勃興期で今から見れば、今大手となっている企業が少なからず誕生した。伸び盛りの産業では、チャンスが数多くあることから、たとえ今の会社との相性が悪くても本当に仕事ができる人なら別のチャンスを探すことも相対的に容易だ。ベンチャーなどではそのビジネス自体が不安定である代わりに自分の実力を超えるような仕事を任される、あるいはやらざる負えない状況も珍しくないが、それがつまるところ自分の能力とキャパシティを超える、つまり成長するのだ。面白い仕事をするには、組織の中であれば裁量をもたなくてはお話にならないが、そのチャンスも増える。もし、自信がついてきたら現実的な意味での起業だってありかもしれない。また、そういう立場になると、より意味のある人脈を広げやすい。自分が力を発揮できそうな会社が自分なりの基準でわかるような社会人経験を積んだ後でも、大きな世の中のトレンドとして上げ潮のなかに身を置くということは、自分のキャリアアップ、あるいは起業のチャンスを増やすものと筆者は考えている。

## テクノロジーから考える

　ところで伸びる産業や企業はどう見つけたらよいのだろうか。例えばテクノロジーベンチャーであれば、その存在自体が特定のテクノロジーを具現化するようなものだ。大手企業であっても、次の伸びしろを探して新規事業に参入していることも珍しくない。ポイントは、そのテクノロジーがこれからも伸びる産業にがっちり関わっていきそうか、また裾野が広そうか

ということも重要だ。例えばeMobilityやエネルギー関連の産業は当面の間、重要性を低下させることはないだろう。エネルギーとかカーボンニュートラル系の話はとかく政治がらみになりがちだが、それを別にしても、これらに関連する新たなテクノロジーの開発は一層進んでいくだろう。では、そこに関わるテクノロジーはどんなものだろうか。裾野が広ければ広いほど、自分が選んだ分野も伸びる業界に関われる可能性も増える。そんなことに関わる会社を探すとか、ある程度経験とスキルを積んだ後であれば、それらと伸びる分野へのつながりをうまく考えることができる。個別のスキルや知識が点だとすると、点を結びつければ広がりをもった面になる。そんな風に自分の領域を拡大していくのだ。

## その仕事は面白いのか

　ここまで、どんな風に自分のキャリアアップのために産業や企業を見つけるのか、その考え方の例を示した。だが、最後に、しかし非常に重要なことを申し上げておきたい。それは、自分が選ぼうとする産業や会社でやろうとすることは面白そうか、あるいは偶然に出会った仕事を面白くできるかは非常に重要だ。面白いと思えたらスキルは伸びるし、将来のキャリアにもつながる。単に儲かりそうとかでは結局続かない。起業した現在でも筆者が仕事を受注する基準の一つは「面白そうか」だ。

---

### プロフィール（みずの・みさお）

1967年東京都出身。高校卒業後に渡米し、米国の大学で航空工学を学ぶ。修士課程修了後に帰国し、約20年にわたり外資系のソフトウェアベンダーやコンサルティングファームで、主に製造業に対するコンサルティング業務に携わる。その後、起業し自社ブランド製品の開発や主としてシミュレーションをコアにした製造業支援のプロフェッショナルサービスを展開。その傍ら執筆活動も進め、AIと職業、CADやCAE分野に関する著書も多数。

# 入社２、３年目の若手社員が本音トーク
## 会社探しでブレない軸のつくり方

就職活動が始まると、自己分析や学生時代に力を入れたこと（いわゆる"ガクチカ"）、自分の専攻をどう活かすかなど悩みは尽きない。そこで、製造業で活躍している若手社員３人に集まってもらい、学生時代を振り返ってもらった。学業などで取り組んだことや、志望先の見つけ方などを聞くとともに、"就活生"に向けたアドバイスもしてもらった。

進行役の宮城加代子と申します。皆さん、自己紹介をお願いします

加島悠斗さん（日進工具株式会社 海外営業部 海外営業課）

　宮城県出身で、大学は中国の北京外国語大学卒です。趣味は筋トレで体が大きくなったため、社内では最近、太ったと疑われています。

　海外営業部に在籍し、入社3年目です。現在、東南アジアを担当しており、ふだんは日本にいながら、必要に応じて海外に出張しています。

日下泉さん（株式会社C&Gシステムズ CAM開発部 ソリューション開発課）

　出身は徳島県で、高知工科大学卒です。芸術系が好きで、絵を描いたり動画編集をしたりするのが趣味です。

　東京のCAM開発部に所属しております。OEM（相手先ブランド）で提供する自社製の「CAMエンジン」と「相手先ソフト」のインターフェイス部分を担当しています。入社2年目です。

山本裕馬さん（協栄プリント技研株式会社 金型事業部 営業技術本部）

　神奈川県厚木市出身、電気通信大学卒です。入社してから2年間は営業として活動した後に、3年目の今年は製造部門に異動となり、今は製造現場で働いています。

　出身は神奈川県の厚木市で、ずっと厚木で暮らしています。趣味はテニスやスノーボードで、休日には会社の先輩後輩らとドライブに行くこともあります。入社3年目です。

## 自分の学んだ分野や興味のあることから就職先を探す

### 大学時代の専攻や、なぜ今の会社を選んだのか教えてください

山本さん　情報理工学部先進理工学科を卒業しまして、在学中は光エレクトロニクスコースを専攻しました。主にレーザーの研究をしていました。レーザーを選んだのは、最先端技術で格好良いと思ったからです。

　就職活動では、趣味がドライブということもあって、自動車に関連する業種に就きたいと考えていました。自動車が好きなため、就職活動の軸

としては、自動車関係を中心に周りました。

日下さん　大学は情報学部、専攻は情報とメディアで、画像処理を行う研究室にいました。大学で学んだことは、プログラミングがメインでした。現在従事しているCAD<sup>注1</sup>/CAM<sup>注2</sup>とは全く違う分野なのですが、もともと3次元処理に興味がありました。そこで、3次元処理を扱う会社を探していたところ、当社は国産CAD/CAMメーカーの中ではトップクラスの企業だということを知りました。「そういう環境で仕事ができのるなら、挑戦してみたい」ということで、入社を希望しました。

加島さん　大学時代は中国語をはじめ中国の歴史、国家の成り立ちなどを学んでいました。学生時代に意識していたことは、座学よりも実際にいろいろな方と話すことです。現地では大学のグランドが開放されていまして、サッカーなどをして皆で集まる国民性があり、毎日運動をして話をするということをくり返していました。

　就職活動は、中国にいたということもあり、現地企業か日本企業かで悩みました。中国にいるとどうしても日本食が食べたくなり、日本への帰国を決心しました。中国への思いも捨てきれず、そこで中国と行き来できる日本企業を探しました。

## 志望先の見つけ方は十人十色、偶然の出会いも

### 就職活動の具体的な内容や、今の会社を選んだ理由についても教えてください

日下さん　CADは知っていましたが、そもそもCAMというものがあること自体、知りませんでした。ただ、3DCG（3次元空間で描かれるコンピューターグラフィックス）という技術が好きだったため、こうした技術を扱える職種を探そうと考えました。そこで、自分が学んだプログラミングという技術を使える分野として、CADがありましたので、CADというキーワードで会社探

日進工具株式会社 海外営業部 海外営業課
**加島 悠斗**さん

しをしました。

　その結果、ネット検索でCADというワードで調べたときに、日本の会社では当社だけがヒットしました。それから当社の会社説明会に行ってみると、人事の方も優しかったですし、CAMについてもていねいに教えていただき、入社したいと思うようになりました。東京で会社説明会があったときに数学のテストも受けてみると合格し、その後はオンライン面接を経て、無事入社することができました。

加島さん　当社については、メイン工場が宮城県にあったため学生時代から社名は知っていました。当社には海外営業部もあるということを知り、父からのすすめもあり最終的に当社を受けることにしました。

　ただ、卒業時期が1月だったため、就職活動は中国から行いました。私は通常の選考のルートに乗ることができず、直接当社のホームページから総務部宛に「中国にいるのですが、入社試験を受けたいです」とメールを送りました。すると、担当の方にはていねいに対応していただきました。当社が製造しているエンドミル（外周刃と底刃で

注1：Computer Aided Design の略で、「キャド」と読む。コンピューターによる設計支援ツールを指す。
注2：Computer Aided Manufacturing の略で、「キャム」と読む。工作機械を動かすためのプログラムを作成するソフトウェアのこと。

株式会社 C&G システムズ CAM 開発部 ソリューション開発課
日下 泉さん

素材を切削する工具）という製品に魅力を感じた
ことと、人事の方からていねいに対応していただ
いたという2点が、当社を志望した理由です。

**山本さん**　きっかけはまず、合同説明会への参加
でした。そのときについていただいたリクルー
ターさんから何社か紹介していただいた中で、自
動車の基板などの金型製造をしている当社に目が
とまりました。「自分がやりたかったことに近い
な」と思い、当社を志望しました。これはたまた
まですが、通っていた大学が調布にあり、当社は
その一つ隣の西調布に本社があります。

　実は、当社に出会うまでは、一般的な就活サー
ビスなども使って会社を調べたり、合同説明会に
行ったりしたのですが、あまりうまくいきません
でした。そこで視野を広げてリクルーターさんな
ど人の手も借りながら活動した結果、うまくいっ
たと考えています。

## コロナ禍が入社後にも響く事態に

**現在の仕事内容や入社してから苦労しているこ
となどついて、ざっくばらんに教えてください**

**加島さん**　入社したときは新型コロナウイルス感
染症が流行していて、配属は海外営業部でしたが
海外に行けなくなり、営業技術課という技術部門
でお世話になりました。昨年の4月に海外営業部
に戻ってきました。1年間は機械を動かす現場に
いまして、はじめは戸惑うこともありましたが、

今思えば営業に出ても技術に関する知識は必要に
なります。この1年間は良い経験になりました。

　今は出張の機会も増えてきましたが、まだオン
ラインでのやりとりが多いです。入社したときは
中国担当でしたが、技術部門から海外営業部に戻
り、東南アジア担当として新たに英語学習をして
います。できることの幅を少しずつ広げられるよ
うに取り組んでいます。

**山本さん**　入社前に卒業旅行でペルーに行ったの
ですが、新型コロナで飛行機が2週間ほど飛ばな
くなり、帰国が3月31日になってしまいました。
会社からは2週間自宅待機するように言われてド
キドキしたのを覚えています。帰国するまでは
「内定が取り消しになるのではないか」と思った
のですが、会社の方には柔軟に対応していただき
助かりました。

　入社してから2年間営業に従事しましたが、お
客様と話すときに、技術についてわからないこと
が多いのが悩みでした。実際に図面を見せられ
て、「これをできるか」と言われたときに、なか
なか即答することができなくて。「ちょっと会社
に戻って相談します」といったやりとりが増えて
きました。そこで、会社に「ちょっと現場で勉強
させてください」と申し出て、3年目の今、加工
について勉強をしている最中です。

**日下さん**　入社してから1年間は、北九州でCAD
のプログラミングをメインに研修を受けました。
他の同期は現場に配属になったのですが、3次元
に関しては無知だったので、「いきなり3次元のソ
フトウェアを作るのは怖いな」という思いがあり
ました。入社前から、社内に教育体制があると聞
いていたので、自ら希望して研修を受けさせてい
ただきました。

　現在は、加工に必要なパラメーターを読み込ん
で「CAMエンジン」というソフトウェアで演算
をかけ、結果を出力するといったプログラムに取
り組んでいます。CAMのパラメーターに関して
はまだ知識が浅いため、どの数値が正しいのか、
あるいは間違っているのかを導き出すところに苦
労しています。加工の知識が足りないということ
も実感していますね。先日、工作機械の展示会

「JIMTOF（日本国際工作機械見本市）」を視察して、実際に工作機械がどう動くのかを見ることができ勉強になりました。

## 意外な配属先や突然の独り立ちに戸惑う

**入社してみて意外だったことなどはありますか？**

**山本さん**　配属された部署が営業技術でしたが、設計の部分がわかりませんでした。営業もCADで設計をするのですが、まずは操作に慣れるところがたいへんでした。当社では、若手はいろいろな部署を順番に回り、さまざまなスキルを身につけます。次に覚えることは組み立てで、研磨機やプレス機などを扱います。納品なども営業が自分で行きますので、金型を車に積んでお客様のところに伺い、コーヒーをいただいてから帰って来るというようなこともありますね。

**日下さん**　正解がないものについて、常に探っていくところが面白いところでもあります。渡されたデータを見て、「パラメーターがおかしいのか、それともエンジンなのか」といったことを考えます。CAMのデータというものは、線を細かく分割することで成り立っています。細かいモノであればあるほど、分割が粗くなり、それが原因でデータにズレが生じることがあります。複雑な形状ほど検証が難しくなります。私たちはいかに正しいデータを導き出すかというところに向き合っています。

**加島さん**　1年間の新人研修を終え、営業技術課での研修が始まって1カ月後、不注意によって（工作機械の）主軸をワーク（加工対象）にぶつけてしまい、頭が真っ白になってしまうという経験をしました。ただ、会社からはまったく怒られず、先輩方から「技術部門というのは失敗を経てどんどん成長していくものだ」と言われて、立ち直れました。先輩方のサポートを受けられたのが大きかったと感じています。ようやく3年目で営業に戻ってきて、今まで学んできたことを活かして、お客様の悩みを解決するためのアウトプットをする機会がだんだんと増えてきたと感じています。

協栄プリント技研株式会社 金型事業部 営業技術本部
**山本 裕馬**さん

## 経験を積んで顧客から信頼される人材に

**今後挑戦してみたいことや、5年後10年後など描いているキャリアについては？**

**日下さん**　今取り組んでいる、プログラムによる問題解決の技術を高めることが、当面の目標です。先輩方は仕事も早いので、私もスピードと正確さを高め、まずはプログラミングを極めたいです。とりあえずは数をこなしてやっていきたいと思います。より多くの企業にOEM提供できるように、クオリティを上げていきたいです。

**加島さん**　現在の担当地域は東南アジアで、新型コロナの行動規制がようやく緩和してきましたので、まずは海外に足を運び、実際のお客様の悩みをお聞きして、それが解決できる技術営業になることが近いところの目標ですね。5年後10年後には、世界中から加工相談が来ても「加島に振っておこう」と言われるくらの信頼を得たいと思います。

**山本さん**　営業技術として入社し、現在は加工に取り組んでいるので、次はCAD/CAMを覚えることが、直近の目標になります。将来は新規のお客様を開拓して、そのお客様からのご要望にお応えできる製品を作りお届けするという、全ての工程を一人でこなせるようになれればいいと思います。そのためにはCAD/CAMの勉強と、加工の方もまだ知識が浅いので経験を積んでいきたいです。

**会社の教育体制についてはどうでしょうか**

山本さん　当社では社外の研修なども受けることができます。私自身は、ファナックアカデミーというところに2回行かせてもらいました。

日下さん　社内に教育機関があることは先ほどお話をしましたが、自分の業務に関連した情報を社内で共有するということもやっています。

加島さん　自分の業務に関連するところでは、会社の補助を受け、英語学習をしています。また、技術研修やOJTを通じて、業務に必要なスキルを身につけさせていただいています。

## 社会人の先輩から"就活生"へのアドバイス

**最後に、製造業の面白さや、就活生に向けてメッセージをお願いします**

山本さん　当社は何もないところから形を作っている会社です。実際に製品も見ることができて、達成感も味わえますし、とてもやり甲斐のある仕事だと思っています。営業も設計も製造も、いろいろな職種が経験できます。あとは部品調達も営業の仕事に含まれますので、やることはたくさんありますし、自分のスキルアップにもなると思います。

加島さん　日常生活で使っているさまざまなモノ

の原点として、仕事に携われるという点に、とても誇りを持てる仕事です。就活生に対しては、「自分の心に素直になってください」と言いたいです。やはり、就活中はいろいろな情報や、不安や悩みも多いと思います。本当に自分のやりたいことや挑戦したいと思うことを、曲げてまで就職することはないと自分は思っています。自分のやりたい軸がブレなければ、希望の会社に入れる確率は高まると思います。

日下さん　当社は直接モノを作るわけではありませんが、ITでモノづくりを支えることができるのは大きな魅力だと思います。CAD/CAM製品を通じ多くのメーカー様とつながり、日本のソフト会社として製造業を支えているという実感があり、またやり甲斐も感じます。就職活動については、自分の好きなことを最終的に見つけて、自己分析していくなかで、つながってくる会社が出てくると思います。

**皆さん今日は、有意義なお話をどうもありがとうございました。**

## 座談会を終えて
### 株式会社レトロモダン 常務取締役 宮城加代子

　キャリアコンサルタントの世界では、とても有名なキャリア形成に関する理論の一つとして、「プランド・ハップンスタンス」というものがあります。1999年に、スタンフォード大学の教育学・心理学教授であるクランボルツ氏によって提唱されました。日本語では「計画的偶発性理論」「計画された偶然」などと訳されています。

　成功を収めたビジネスパーソンを対象にキャリア分析を行った結果、実に8割の対象者が「現在の自分のキャリアは予期せぬ偶然によるところが大きい」と答えたそうです。偶然の出来事をただ待つのではなく、意図的にそれらを生み出すよう積極的に行動したり、身の周りで起きる事象に心を研ぎ澄ませたりして、自らのキャリアを創造する機会を増やすことができるという理論です。

　自分には関係がない、あるいは遠回りだと思った経験・知識が、いつの間にか自分のキャリアの土台になることはあります。さらに、仕事をしながら見つけたやりがいが、後になって役に立つことも多いと言えます。今回の3人も似たような経験を少なからずしていました。コロナ禍でやむを得ず職種変更があり、なかなか希望の仕事ができず過ごした2年間。その後やっと海外出張もできるようになり、お客様と接するなかで、2年間の経験が生きているという加島さん。

　山本さんは新卒で入社してすぐに、営業職として独り立ち。少し辛いときもありつつ、自ら職種変更を希望し、今は充実しているとか。現在はさらに職種を広げたいと前向きでした。さまざまな職種を若いうちから経験できるメーカーだといいます。日下さんはしっかりとした会社の教育制度を1年間受け、現場に入り着実に経験を積んでいるそう。まだまだ、当初のイメージ通りには、仕事を進められない日々。解けない問題にあたっているプロセスを、少しずつ楽しめるようになってきている様子でした。

　かくいう私も、システムエンジニア（SE）になりたかったものの、いざ面接に行ってみると

株式会社レトロモダン 常務取締役
## 宮城 加代子

「営業に関心はないか？」と質問されたことが何度かありました。今思えば、適性検査などで、営業向きと判断されたのではないでしょうか。それから20年以上経過した現在、教育研修の提案営業の仕事はとても楽しく、自分の思考・価値観・性格にとても合っているなと感じています。

　キャリアに正解はなく、十人十色。捉え方を変えれば、色々な気付き・発見が生まれてきます。ぜひみなさんも、これからの自分・仕事・人生を楽しみながら活動してみてください。

### プロフィール（みやぎ・かよこ）

　2級キャリアコンサルタント技能士・国家資格キャリアコンサルタント・産業カウンセラー資格を保有。2000年早稲田大学商学部卒業後、大手コンサルティング会社に入社。再就職支援事業にて350人以上の転職支援に携わる。提案型の営業スタイルにより長きにわたって顧客からの信頼を得ている。キャリア、コミュニケーション、部下育成の研修講師も務める。自身のキャリアビジョンは、沖縄の人材育成。2児の母。

スキルを
活かす！

**スキル**を活かす！

2024年版

理系・語学系×企業

# ジョブマッチング

日刊工業新聞特別取材班 編

## 会社レポート

# 愛知産業株式会社

## 理系の知識を活かす技術営業集団

──創業90年以上、安定の経営基盤

＼記者の目／
ここに注目  ☑ 金属3Dプリンタ、ロボットなど先端技術を手がける
☑ 若手社員の技術教育に力

### 技術営業で顧客の悩みを解決

愛知産業は、海外の優れた産業機械を輸入して国内の製造業に販売する技術商社だ。単純に機械を売るだけでなく、システム提案からエンジニアリングまで行う。1927年に溶接の材料輸入から事業をスタートして以来、90年以上にわたり日本の製造業を支えており、現在は「金属加工に関する分野ほとんどを網羅し、製造業のお手伝いをする」（井上博貴社長）隠れたオンリーワン企業だ。

日本の産業機械は、誰でも簡単に使えるよう標準化を図っていくのが一般的だが、海外の産業機械は日本より技術志向が強く"尖った機械"が多い。同社はその海外の産業機械メーカー70社以上とパートナーシップを締結している。一番古いパートナーは50年の付き合い。「現在の日本の産業機械では対応できない」「こだわりの製品で特殊な技術を必要とする」といったコアな要求に対し、スピード感を持ってソリューションを提供。商社でありながら、メーカー顔負けの総合エンジニアリング拠点を持つのも特徴だ。

同社のサービス提供の中核となるのが技術営業職だ。営業職というと、足を棒にして外回りをし、顧客対応に汗を流す姿を想像するが、同社の技術営業職はひと味違う。技術的な知見を活かしてクライアントの課題をヒアリング。解決策となる機械を求めて海外に出張し、値段や仕様を交渉する様は、営業にとどまらない仕事の幅があり、やりがいも大きい。井上博貴社長によると「お付き合いをする企業の担当者も理系出身の技術職の方が多いため、能弁なタイプよりも落ち着いて技術の話をしっかりできる技術営業職が好まれる」という。

愛知産業の全社員150名のうち、約40名が技術営業職だ。理系の出身者が多いが、文系の出身者もいる。技術営業職に必要な知見を備えさせるため、同社が用意しているのが「愛知産業アペレンティスシップ研修」と呼ぶ人材育成プログラムだ。技術営業部隊をまとめ上げる金安力専務は「海外メーカーの営業マンと接していて、若いのに技術的にものすごくしっかりした人材がいて驚いたことがある。その会社が導入していたのがドイツの技能伝承の仕組みであるアペレンティスシップの取り組みであり、それを当社に導入した」と経緯を語る。同研修の対象者は若手や中途入社の社員。愛知産業が持っている世界最先端の技術、金属加工技術（切削、研削、研磨、接合、積層造形など）をはじめ、技術を使いこなすノウハウやテクニックを座学と実習を交えて学んでいる。

### 技術営業職に必要な資質「好奇心」

技術営業職に必要な資質は何か。井上社長は「技術の興味があり、好奇心が強い人が良い」と語る。同社に持ち込まれる要望は、既存の製品・サービスで対応できない案件も多い。その要望をていねいにヒアリングし、新たな解決策を見つけるためには、さまざまな場所にアンテナを張り、自ら飛び込んでいく行動力も必要となる。

代表取締役社長
**井上 博貴**さん

営業も技術も一緒に技術を学ぶ愛知産業アペレンティスシップ研修

金属3Dプリンタなど先端のモノづくりを手がけられる

品川の本社にはカフェのような喫茶スペースも

また、海外の機械を取り扱う関係上、海外出張や海外の方との打ち合わせの機会も多く、外国語ができることがベターだ。仕事では主に英語を使うため、同社では社員に「語学力手当」を支給し英語学習をバックアップしている。TOEIC（国際コミュニケーション英語能力）のテストで良好な結果を残すことが支給の条件だ。「最初から語学が堪能である必要はないが、入社後は英語を学ぶのも仕事のうち」と井上社長。「AI（人工知能）やIoT（モノのインターネット化）など製造業の現場はどんどん変わっています。それをお手伝いするためには、機械だけでなくロボット操作やプログラミングの知識も必要です。さまざまなことに自ら挑戦し、マルチな才能を持つビジネスパーソンに育ってもらいたいですね」

企業のグローバル化が進み、理系と文系の垣根も低くなるなか、理系の知識にプラスして営業力や語学力を身につければ、ビジネスパーソンとして同年代に大きな差をつけられる。自らを成長させたいと考える若者に、同社は多くの成長機会を提供する。

### 理系出身の若手社員に聞く

## 多くの裁量を与えられ、スキルを伸ばせる職場

先進システム課 係長
**日比 裕基**さん
（2013年入社）

大企業では一つの駒になってしまいますが、中小企業なら裁量を多く与えられ、自分のスキルを伸ばせる。そう考えて入社しました。現在は主に金属3Dプリンタの技術営業職をしています。単純にカタログを広げて商品を売るのではなく、当社では海外メーカーとの交渉やお客さまへの試作造形、据え付けからアフターフォローまで行います。当社の商品は海外メーカー製なのですが、お客さまからすると販売している我々がメーカーのように見られます。技術的な話をされ、頼りにされていると感じると、仕事の喜びを感じます。

私の担当は30社ほどで、その半分が自分で獲得した新規の得意先です。新規開拓は展示会などを通じて金属3Dプリンタに関心を持っていただいたお客さまにアプローチしています。飛び込み営業など体力勝負の新規開拓はほとんどありません。

最近はコロナ禍で出張が減っていますが、コロナ前は1年に3〜4回は海外に出張していました。海外が好きな人、グローバルビジネスに関心がある人、語学力を伸ばしたい人にとっては絶好の職場だと思います。

会社DATA

| | |
|---|---|
| 所在地 | 東京都品川区東大井2-6-8（本社） |
| 設立 | 1937年9月11日（創業：1927年12月） |
| 代表者 | 代表取締役社長　井上 博貴 |
| 資本金 | 8600万円 |
| 従業員数 | 150人（2021年12月現在） |
| 事業内容 | 産業機械および工業材料の輸入、国内販売および技術サービスの提供、自動溶接、特殊溶接装置、自動化設備の設計開発、販売、製造、機械部品試験加工、受託加工、機械装置稼働監視システム販売 |
| URL | https://www.aichi-sangyo.co.jp/ |

# 株式会社アンテックス

## 中・大型旋回ベアリングを一貫生産
── 建機向けなど、回転支える重要部品を供給

☑ 鍛造から組立まで全工程を手がける企業は国内唯一
☑ 市場はグローバル、社員の語学習得を推奨

アンテックスは中型から大型の旋回ベアリングを製造し、建設機械メーカーなどに供給している。材料となる鋼材を完成品に仕上げるまでには、鍛造、機械加工、熱処理、組立など複数の工程を経る。一連の工程すべてを網羅できる企業は国内では同社の他になく、唯一無二の存在として日本の産業の発展に寄与する。製品の大半は海外で使われるなどグローバルでも活動。建機以外の新分野開拓にも積極的に取り組んでいる。

### 強固な事業基盤を構築

旋回ベアリングは機械の回転部分に使われる機械要素。モータから伝わる回転動力を伝達したり回転を滑らかにしたりする働きを持ち、安全かつ正確な回転動作を支える重要部品と言える。

同社が手がける製品のサイズは直径500mm〜3500mm。業界では中型から大型に分類される旋回ベアリングで、ショベルカーやクレーン車の搭乗部と足回りをつなぐ旋回部分などに採用されている。

「同規模の製品製造に必要な材料加工から組立まですべての工程を扱っているメーカーは、国内では他にはない」と安藤洋平社長が力説するように、旋回ベアリングを一貫生産できる製造技術が同社の最大の強み。鋼材を切断加熱してリング状

代表取締役社長
**安藤 洋平**さん

に引き伸ばし歯切や穴明などの加工を加えたリングとボールなどの部品をベアリングに組み上げるまでの一貫生産を行っている。

各製造工程には、それぞれ特殊で大規模な設備と技術が必要だ。一つひとつの工程に求められる技術水準は高く、一つの工程だけを専門に請け負って加工する企業もあるほどだが、同社はその全工程を担う。一貫生産のため顧客の要望に柔軟に対応できる利点もあり、他社が簡単にまねできないモノづくりを通じ、強固な事業基盤を構築している。

取引先は建機分野が8〜9割を占める。一方、近年は新規分野の開拓にも注力している。工場の生産自動化設備から遊園地の遊具まで、幅広い分野に同社製品の活躍の場は広がっている。大型リングの希少な製造技術を最大限に活かすべく、旋回ベアリングだけでなく、部材として製品を供給するような方向性も模索する。「建機分野で培った技術を応用し、新市場を開拓する活動は常に続けていく必要がある」と安藤社長は話す。

### コミュニケーション力が必要不可欠

生産拠点は茨城県北部の高萩市にある高萩工場。1980年に同地に進出して以来、生産能力の増強を段階的に進め、現在では高萩工場周辺に第2工場と第3工場も展開する。営業部門を含め、ほぼすべての従業員が同地で働いている。

一口に旋回ベアリングと言っても作る製品はさまざまだ。形状やサイズはもちろん、内輪に設ける歯の加工精度や強度を高めるための熱処理の仕方など顧客の要望は多岐にわたる。そうした多様な顧客の要望に応えるため、受注活動を担う営業

最大3500ミリメートルの旋回ベアリングを製造する

旋回ベアリングの一貫生産を手がける高萩工場の機械加工工程

部門を含め、設計、生産技術、製造、品質保証など工場の各部門が連携したモノづくりを実践している。それだけに、「周囲の人たちとの円滑なコミュニケーションができることは必要不可欠だ」と安藤社長は求める人材像を説明する。

市場のグローバル化も進んでいる。製品の約1割は直接海外に輸出するほか、同社製品を組み込んだ建機の大半は海外で使われており、営業や設計、品質保証などの部門では海外の顧客と直接やりとりする機会が増えている。そこで同社では英会話スクールに通う費用を会社が全額負担するなど、従業員の語学習得を支援している。

同社は創業100年を越える伝統あるモノづくり企業だが、時代に応じて常に進化を続けてきた。安藤社長は「老若男女国籍を問わない多様な人たちが会社や工場を運営していく時代になっていくだろう」と将来を見据え、「今後は多様な人たちが働ける基盤づくりにも取り組みたい」と話している。

**理系出身の若手社員に聞く**

## 社外の人と接する機会が多く、刺激受ける

株式会社アンテックス高萩工場
設計部アシスタントマネージャー
**小泉 敦裕**さん

顧客の求める仕様や用途に応じてベアリングを設計しています。建機分野がメーンですが、新規分野の設計案件も多く、例えばはしご車に使われる特殊形状のベアリングなども担当してきました。自分が携わった製品がモノとしてでき上がるのを見られるのは、仕事の醍醐味の1つです。顧客を含めて社外の人と接する機会も多く、いつも勉強になる話が聞けて、たくさんの刺激を受けています。また、上司や社内の他部門とも連携しやすい雰囲気があるのは、当社の特徴だと思います。

**会社DATA**

| | |
|---|---|
| 所在地 | （本　社）東京都港区高輪2-15-19<br>（高萩工場）茨城県高萩市上手綱3333-24 |
| 設立 | 1917年 |
| 代表者 | 代表取締役社長　安藤 洋平 |
| 資本金 | 5000万円 |
| 従業員数 | 300名 |
| 事業内容 | 旋回ベアリングの製造・販売 |
| URL | https://www.antex.co.jp/recruit |

# 株式会社川金ホールディングス

## 長年培った技術と経験を未来につなぐオンリーワン企業集団へ
### ──グループ会社の相乗効果で安全安心な社会構築に貢献

＼記者の目／
ここに注目 →

☑ 75年間蓄積してきたノウハウをベースに新技術にも積極的に挑戦
☑ 職種も製品も多彩なためさまざまな仕事にチャレンジ可能

「素形材」「土木建築機材」「産業機械」の3事業を柱とする川金ホールディングスグループ。専門技術ごとに14社に分かれ、拠点は北海道から沖縄まで、さらに米国やアジア地域などグローバルに広がる。

川金グループの「素形材事業」とは、鋳造品製造や加工、金属素材に熱を加えて形状に仕上げられる部材のこと指し、モノづくりの原点となるものだ。砂型鋳造、精密鋳造、圧延加工などにおいて高度な技術力を75年間育んできた川金グループは、現在も付加価値の高い素材や形状に挑戦している。

「土木建築機材事業」では、60年以上前から橋梁用支承（橋桁と橋脚との間に設置される重要部材）の開発を手がけ、その当時から業界トップメーカーに。その過程で培われた免震・制振技術は、高速道路の大型橋梁、病院や学校、高層ビルなどにも採用され、社会の安全安心を支えている。

「産業機械事業」としては、建設機械などに使われる油圧シリンダや免震制振用油圧ダンパー、ゴム用射出成形機などの設計・開発・製造を行っている。

「我々の製品は構造物や自動車、工作機械などに組み込まれているため、普段目にすることがなく、イメージしにくいと思います。しかしそれらは社会生活を支える、なくてはならないもの。"高品位なテクノロジーを提供し、安全で安心できる快適な生活・社会基盤づくりを提供する"というグルー

プ理念の通り、縁の下の力持ちとして誇りを持って活動しています」と鈴木信吉社長は胸を張る。

## キーワードは「THE ANSWER」

加えて進取の精神と提案力、幅広い製品群を持つことも強みである。代表例が免震装置だ。同社が元々製造していたのは鋳鋼製だったが、阪神淡路大震災を機に需要が高まったゴム製のデバイス製造にも着手している。

「そもそも素材がまったく異なるので数年間の開発期間を要しました。それぞれ根本的な技術が違うため、当社のように鋳物製、ゴム製、さらには油圧によるデバイスまで1社で作っている会社は他にはありません。だからこそ、お客様のニーズに合わせてさまざまな製品をご提供できるのです」（鈴木社長）

長年蓄積されてきた技術と新技術を融合させ、ユーザーニーズに応えるチャレンジングな姿勢が川金スピリットといえそうだ。免制震装置を作るグループ会社「川金コアテック」では、2022年7月に新ブランドビジョン「THE ANSWER〜未来を支える、確かな答えを。」を制定した。

「どのような装置がふさわしいのかという分析から設計、品質と施工性を兼ね備えた製品、安全維持に不可欠なメンテンナンスや診断に至るまで、あらゆるお悩みに応えていこう、という思いを表しています。今後は「THE ANSWER」というキーワードを、グループ全体にも浸透させていきたいと思っています」（鈴木社長）

## グループ間で見学会や勉強会も

新入社員研修は、最初の1週間グループ合同で

代表取締役社長
鈴木 信吉さん

各部署連携を取りながら設計・製造に取り組んでいます

納品実績例（レインボーブリッジ）

実施し、その後は各社の状況に合わせた教育を行う。営業、設計、生産（工場）の各部門を3カ月ずつ回る会社もある。特徴的なのは、グループ内で技術交流会や見学会などを開催していることだ。複数社で行う共同プロジェクトがあったり、グループ会社への異動希望も申請できたりするなど、グループメリットが活かされている。

新卒採用では半数が理系出身のエンジニアで、機械設計、構造力学などを専攻してきた学生は特に活躍できそうだが、「化学や電子などを学んできた人たちもいます。理系文系問わず、むしろ学んできたことをベースにしながら、新しいことを創発してチャレンジしてくれることを期待してい

ます」と鈴木社長は専門には固執しない。

今後は、セールスエンジニアリング、つまりモノではなく技術・サービス（メンテナンス技術など）のセールスに注力する予定なので、技術スキルだけでなく、吸収力豊かで好奇心旺盛な人材を求めている。

「すでに老朽化した建造物のメンテナンスが社会課題となっており、我々の役割もますます大きくなっていくでしょう。当グループでは、連帯・成長・感謝・挑戦・誠実の5つのコアバリューを定めています。この共通の価値観の元、皆が生き生きと働き、社会の安全安心を支え続けていきたいと思っています」

### 理系出身の若手社員に聞く

## 人的・技術的交流が盛んでアクティブな会社

営業本部 メンテ事業開発部
左 栄智さん（2019年入社）

中国の大学を卒業後、日本の大学院で土木工学を専攻し、データ活用の研究をしていました。研究室で当社との接点ができ、教授の勧めがあったほか、事業内容に惹かれて入社を決定。現在、ビッグデータの処理やAIを駆使して、製品の劣化状況を診断するシステムを開発・運用しています。学びが活かされ、ビジネス成長の余地もあり、社会にも貢献できる業務ですごくやりがいがあります。伝統ある製造業でありながら、他社や大学との共同研究も活発。最新技術を積極的に取り入れるなど、とてもアクティブな会社です。

**会社DATA**

| | |
|---|---|
| 所在地 | 埼玉県川口市川口2-2-7 |
| 設立 | 2008年10月1日 |
| 代表者 | 代表取締役社長　鈴木 信吉 |
| 資本金 | 5億円 |
| 従業員数 | 1985人 |
| 事業内容 | 素形材事業、土木建築機材事業、産業機械事業、不動産賃貸事業 |
| URL | http://www.kawakinhd.co.jp/ |

# 京和工業株式会社

## クレーン一筋66年超の専業メーカー
### ──顧客のニーズに応じ一からオーダーメイドで製作

＼記者の目／
ここに注目  → ☑ 重量物を扱う幅広い現場に出向いていくことができる
☑ 情報の"見える化"やマニュアル化を推進し時代を育成

倉庫や工場、研究施設、金属スクラップなどを保管する「スクラップヤード」など、さまざまなモノづくりに関わる現場で、京和工業製のクレーンは採用されている。特に、クラブトロリ式クレーンでは豊富な納入実績がある。クラブトロリ式クレーンとは、建屋の両側沿いに設けられたレール上を走行するクレーンのことで、天井式クレーンとも呼ばれる。大型の重量物を吊り上げる場面で主に使われる。同社の久保克社長は、「取引先は全国だが、数では関東や東北が多く業種はさまざま。当社の強みは少ない人数で、一生懸命に特殊な製品を手がけているところにある」と説明する。製造拠点は新潟県刈羽村の柏崎工場だ。

同社は「お客さまのニーズに合わせて、すべて一からカスタマイズでつくるオーダー品を得意としている。細かいところに気を配れるのも強み」（久保社長）。同社のようにクレーンだけを専門に扱うメーカーは数少なく、顧客へのアフターケアも手厚い。

モータや減速機は外部から調達するものの、その他のパーツは自社で加工したり、組み立てたりしている。久保社長は、「自動車に例えれば、エンジンとブレーキは買ってくるが、あとはばらばらの部品を集めてきて組み立てるイメージ」だという。

代表取締役社長
**久保　克**さん

### 世の中に重量物がある限り
### 無くならない仕事

クレーンメーカーは、世の中に重量物がある限り残り続ける仕事一。久保社長は、クレーン専業メーカーとして存続することに自信を持ちつつも、将来の幹部となる若手の育成を課題として挙げる。創業社長だった父から会社を引き継いだ久保社長も、60歳を超え、社員の雇用を守り事業を継続するために、新卒採用の必要性を感じている。

クレーンの寿命は40年、50年と長く、一度クレーンを納入したユーザーとの付き合いは続いていく。2年に1回検査が必要なことから、定期的に仕事も入る。ただ、「私がいる限りはメーカーとして会社を残していきたい。製造をやめてメンテナンスだけで事業を継続していくことを望んではいない」と久保社長は話し、モノづくりへのこだわりを見せる。

社内改革では現在、工場を主体にマニュアルを整備中で、ベテランから若手への技術的伝承に取り組んでいる。「かつてのように、先輩の背中を見て仕事を覚えるということではなく、業務を"見える化"する必要がある。営業においても、他の担当者が置かれた状況を情報共有しながら、効率的に仕事が進められるようにしている」（久保社長）

### 学業の成績よりも、
### 仕事に向き合える誠実さが大切

同社は、「若手が自分から先輩や上司に、仕事について相談に行けば教えてもらえる。本人のや

新潟県にある柏崎工場全景

リフマグ・油圧クラブ付天井クレーン

る気次第でどんどん成長していける雰囲気がある」(久保社長)という。新卒社員は入社後、数カ月の研修期間を経たのちに、上司に付いて顧客の現場を歩きながら仕事を覚えていく。その後は、特定の部署に正式配属となる。報酬については、成果を賞与に反映している。

新卒採用について久保社長は「モノづくりに興味をもっている人であれば、専攻は問わない。職種としては第一に営業が必要で、次に設計や製造という順になる」と説明する。営業職については、一度顧客と信頼関係を築けば、取引先と長い付き合いができるところが魅力で、メンテナンスで現場に立ち会う機会もある。営業職は機械技術に関する知識が必要なため、理系社員も活躍中だ。

会社が求める人材について久保社長は、「仕事を一生懸命にやってくれる人に来てほしい。学業の成績に自信がなくても自分の仕事と誠実に向き合える人だったら、全然問題ない」と説明し、「むしろ、学生時代に遊びの中で学んだことが、意外と仕事の役に立つということもあるかもしれない」と付け加える。「進歩は永遠、創意は無限」をスローガンに、次代を担う若手を求める。

**理系出身の若手社員に聞く**

## 据え付けたクレーンが 実際に動くシーンに感動

営業部営業課主任
**桜井 悠貴**さん
（2010年入社）

地元新潟の大学で機械工学を学んだ後、県内メーカーから来た求人の中から当社を志望しました。担当は技術営業ですが、クレーンは販売したら終わりという商品ではないため、現場での据え付けから検査まで手がけます。仕事の魅力はさまざまな業種の工場などを見て回れるところです。また、クレーンを据え付けた現場にメンテナンスなどで伺った際に、実際に動いているところを見ると感激します。お客さまから「いい機械を入れてくれているね」と言われたときは嬉しいですね。

**会社DATA**

| | |
|---|---|
| 所在地 | 東京都江戸川区松江5-17-4 |
| 設立 | 1956（昭31）年6月20日 |
| 代表者 | 代表取締役社長　久保 克 |
| 資本金 | 9954万円 |
| 従業員数 | 60人 |
| 事業内容 | リフマグ付天井クレーン、油圧クラブ付天井クレーン、リフマグ・油圧クラブ併式天井クレーン、橋型クレーン、その他クレーンの設計・製造・販売、据付、メンテナンス、修理・リモデリング |
| URL | http://www.kyowa-crane.co.jp/ |

# KBK エンジニアリング株式会社

## 高速回転機械のホームドクター
──確かな技術で遠心分離機の整備実績、日本トップクラス

☑ かかりつけ医として顧客と機械に寄り添う企業
☑ 良い整備、良い修理を模索して毎回違うことに挑戦できる環境

KBKエンジニアリングは高速回転機械を診断し、整備や部品の補修・製作を行う。高速回転機械とは1分間に1000回以上回転する機械の総称だ。身近なものでは遠心分離機など、回転で発生した遠心力により固体と液体を分離する機械がイメージしやすい。原料の製造や水処理の中心を担うことが多く、田尻宏志専務取締役は「聞き馴染みがないかもしれないが、回転機械は食品・化学・半導体・製鉄・インフラ。多様な工場設備に関わっている」と話す。日々の生活に欠かせない製品や環境を作り出す機械。それらを支える縁の下の力持ちが「高速回転機械のホームドクターKBKエンジニアリング」だ。

設立は2008年。当時創業50年余の倉敷ボーリング機工のエンジニアリング事業部として立ち上がり、その後、分社化したのが始まりだ。顧客から自社内での機械装置の分解整備がもはや困難であると相談を受け、回転機械装置一式の代行整備を始めた。現在は「日本で一番、遠心分離機を整備している自負がある」(田尻専務)と力強く語る。

強みは現代技術と職人技術の融合だ。蛍光X線分析装置を使い、図面に記載のない部品の材質を把握する。スキャニング装置や3次元測定機を使い、大型部品や複雑な形状の部品測定を精密に行う。現場でイメージされがちな「背中を見て覚え

ろ」ではない。科学による裏付けをベースに、そこから積み重ねた経験則を以て最適な補修を見つけ出す。

### 始まりは皆初心者
### 「直す」を一から学ぶ

「社員に必要な素養は学ぶ意欲があること、違和感をそのままにせず小さなことに気づくこと」(田尻専務)。同社に持ち込まれる依頼は幅広い。整備する機械は国内製・海外製を問わず、大きさは50cmほどの小さなものから4mクラスまで。時には図面や部品がないほど、古い機械の依頼を受けることもある。定形におさまらない診断・整備のため「大学の図書館に行って、文献を読み漁る」(田尻専務)こともあるという。また、同じ機械ひとつとっても、不具合の原因は千差万別だ。時には爪でひっかいたような小さな傷が機械の不調につながる。

田尻専務は「学生時代、機械の製図や材料などの『作ること』は学べても、機械全体の分解や組立てなど『直すこと』を学ぶ機会は案外ないもの」と話す。そのため、社員のほとんどが会社に入ってから業務を一つひとつ覚えていった。学ぶ意欲のある社員へは各種技能資格や国家資格取得のための受験料や交通費などの手当を支給し、バックアップする。社員たちは今までに、機械保全技能士や非破壊試験技術者、TIG溶接、ステンレス溶接などの資格を取得している。

同社には現在、下は20代から上は50代まで幅広い世代が在籍。特に活躍している30代・40代は全体の7割を占める。年齢層が若いぶん、厳格な上下関係はない。皆始まりは初心者同士、協力

専務取締役
**田尻 宏志**さん

最先端の測定機によりデータ化した機械部品

主要整備品である遠心分離機

し合い、同じ目線に立ったアドバイスや指導を心がけている。社内は社員同士が「もっとこうすれば良いのではないか」と意見を交わすことのできる、フラットな環境だ。

## 機械の未来を背負う、当社の "技"

こだわりは「機械の背景まで考えて直すこと」（田尻専務）だという。材質は何でできているのか、普段どのような物質に触れているのか、何の役割を担っているのか。その機械の背景を知ること

で、最も適した整備・修理方法を判断することができる。「預かった機械が直るのか、直らないのか。再び日の目を見ることができるのかは私たちの技能や技術にかかっています」（田尻専務）

今後は海外企業への営業を視野に入れる。遠心分離機は発祥の地であるヨーロッパ製が多く、海外でのシェアは高い。海外製の遠心分離機の整備を積極的に行い、知見を広げていく必要があると考える。目指す先は「遠心分離機の整備・修理＝KBKエンジニアリング」だ。

**理系出身の若手社員に聞く**

### 日々、業務内容が変わる面白さ

前職では電気系の仕事をしていました。KBKエンジニアリングで機械も扱えるようになれば、技術者としてのスキルを磨くことができると考え入社しました。現在は機械整備の業務に就いています。当社の面白いところは「分解、清掃、計測、補修、組立、試運転、出荷」と、作業の段階が進むごとに毎日の業務内容が変わることです。補修の内容も依頼ごとに異なり、飽きることがありません。今まで見たことのないものが見られる、機械好きにはたまらない会社だと思います。

技術部
**岡 直樹**さん
（2020年入社）

**会社DATA**

| | |
|---|---|
| 所在地 | 岡山県倉敷市中畝6-7-19 |
| 設立 | 2008年6月2日 |
| 代表者 | 代表取締役　田尻 卓治 |
| 資本金 | 1000万円 |
| 従業員数 | 12人（2023年1月時点） |
| 事業内容 | 高速回転機械（遠心分離機など）の診断および工場内整備 |
| URL | https://www.kbkeng.co.jp/ |

# 光陽産業株式会社

## ガス接続機器のトップメーカー
### ——国内シェア４割のニッチトップ企業

＼記者の目／
**ここに注目** →
- ☑ コロナ禍も影響微小、安定した経営基盤
- ☑ 年間休日127日！　社員教育も充実

### 創業96年、大手ガス会社が顧客

　光陽産業は、室内でガスストーブやガス調理器具を使うための「ガスコンセント」や、ガス配管と給湯器やガスコンロをつなぐ「機器接続ガス栓」など家庭用ガス関連機器のトップメーカーだ。国内4割以上のシェアを持つ。

　ガス関連機器は一般家庭に使用される生活インフラであり、自動車部品や機械部品と比べ需要の変動の影響は少ない。実際、コロナ前である2019年6月期の売上高が71億円だったのに対し、2022年6月期の売上高は76億円と5億円増となった。全国のガス会社やガス関連会社を取引先に持っていることもあり、安定した収益基盤を誇っている。

　同社のシェアや収益力の源泉となっているのが、創立96年の歴史で培われた高い技術力だ。家庭と直接繋がる同社の製品は重要保安部品であり、高い安全性と信頼性が求められる。発注元の厳しい要求に応え続けてきた経験が、技術力として社内に蓄積されている。知見を活かして検査機や組立機も自作しており、その外販も重要な収益源になっている。

　ガス接続機器は非常に長い歴史を持つ商品であり、あえて言えば、昔から変わらない商品にも思える。しかし、大山健二郎社長は「実は目立たない改良の積み重ねがある」と語る。労働人口の減少によりガス会社も人員体制が縮小しており、点検や施工が簡単にできるように製品の改良が求められている。同社は複数部品を組み合わせたユニット製品の開発や新事業の創出、工場の効率化を目的に、理系人材の採用を強化している。

### 家賃１万円の社宅、社内レクリエーションも充実

　理系人材の採用において、同社が重要視する要素は何か。大山社長は「機械工学を学んだ人材やコンピュータープログラミングを学んだ人材は大歓迎」と語る。人柄としては、重要保安部品を扱う会社の特性だろう「お客様の要望やスケジュールを守るため、責任感を持って仕事する人にきてもらいたい」と大山社長。仕事のやりがいについては「当社は一人ひとりの社員が任される裁量が大きい。製品の複数工程を手がけることもあり『これを自分が作った』という達成感は強い」と語る。

　安定した収益基盤により社員への福利厚生も手厚く、家賃1万円からの社宅があるほか、東京と新潟の間で転勤になったときの家賃補助もある。「当社は住宅用のガス機器を作っているので、社員が住宅を買ってくれれば自分たちの仕事も増える。社宅で家賃を浮かしてもらい、将来自宅を買って欲しいとの思いから充実した制度を作った」と大山社長は微笑む。

　バーベキューやボーリング、流しそうめんなど社内イベントも活発だ。50年以上前から毎年社内募金活動をするなど、社会貢献にも力を入れて

代表取締役社長
**大山 健二郎**さん

国内トップシェアを誇るガスコンセント

工場内は明るい雰囲気

社内レクリエーションも充実

いる。

　光陽産業の将来について、大山社長は「現在70億円代の売上高を100億円に引き上げ、中小企業から中堅企業に成長したい」とビジョンを描く。高シェアを誇るガス関連機材では、ガスコンセントや機器接続ガス栓からつながる他の部品にも事業領域を拡大。水道関連機材や医療関連部品など、新分野の製品も育成していく方針だ。ニッチな分野でシェアを獲得するニッチトップ戦略を進めつつ、売上高100億円にふさわしい組織作りを進める。「機械にできることは省人化を進めるが、人にしかできない仕事は多い、今後もコンスタントに理系人材を増やしていきたい」（大山社長）

　4年後の100周年を見据え、新たなる挑戦を始めた光陽産業。同社への入社はチャンスしかない。

機器事業部 係長
小竹 善之さん
（2010年入社）

**理系出身の若手社員に聞く**

## 会社が研修費用を負担

　生活に密着するモノを作りたいと考え、入社しました。現在は医療関連部品の開発、新幹線のエアー用バルブや中国市場向けのガス栓の設計開発を担当しています。新規分野を開拓する部署におり、予想もしないような分野の仕事が来ることがあります。知識ゼロで開発を始めるのは難しいですが、成し遂げた時には達成感があります。

　当社の特徴は社内教育がしっかりしていることです。入社後の集合研修から工場の実習、部署ごとの研修など複数用意されており、機械分野の勉強をしてこなかった人でもしっかり学べるようになっています。

　またCADや特許関連など仕事に関係する知識を取得する際に会社が研修費用を負担してくれるのはありがたいです。年間休日が127日と多く、プライベートも充実させやすいと思います。

**会社DATA**

| 所在地 | 東京都品川区豊町4-20-14 |
|---|---|
| 設立 | 1939年7月23日（創立は1926年6月15日） |
| 代表者 | 代表取締役会長　大山 忠一<br>　代表取締役社長　大山 健二郎 |
| 資本金 | 3億円 |
| 従業員数 | 348人 |
| 事業内容 | 都市ガス・LPG用ガス栓・バルブ・継手・接続具、その他関連部材の開発・製造・販売、車両用バルブ、一般産業用バルブ、止水栓・水栓器具、その他関連部材の開発・製造・販売、省力化システム・省力化機器の開発・設計・製造・販売、精密加工部品、OA機器、環境機器、半導体関連機器の開発・設計・製造・販売 |
| URL | https://www.koyosangyo.co.jp/ |

# 酒井重工業株式会社

## 世界のインフラを支える道路建設機械のスペシャリスト
### ──安全・省力化・脱炭素に向けた技術開発で業界をリード

＼記者の目／
ここに注目　➡
- ☑ ロードローラの国内シェア7割、130カ国以上に輸出
- ☑ 開発者の裁量が広く先端技術にも携われる

酒井重工業は道路建設機械の専業メーカー。「道路建設機械事業を通じて、世界の国土開発という社会事業に貢献する」ことを企業理念としている。大正7年（1918年）に創業し、昭和4年に国産初のロードローラを開発。道路の建設・維持・補修機械のパイオニアとして、日本の道路網の発展に貢献してきた。今ではロードローラの国内シェアは7割を誇り、世界的に見ても5大ロードローラメーカーの地位を確保している。同社製品群は世界130カ国以上に輸出され、海外売上比率は約5割に達する。

### 世界の道路づくりに貢献

建設機械を手がけるメーカーの中でも、同社は道路建設機械に特化したスペシャリストだ。代表的な製品がロードローラ。道路工事の現場で1度は見かけたことがあるだろう。「締固め（しめかため）機械」とも呼ばれ、車体に付いているローラで地面を締固める。道路は主に土でできている最下層の路床から、砕石からなる路盤、アスファルト層の3層から成り、それぞれ厚さも異なる。そのため、同社がラインアップする土工用振動ローラや舗装用ローラを使い分けて、路床・路盤やアスファルト舗装を施工して、道路がつくられる。

執行役員管理部長
**吉川 孝郎**さん

中でも土を締め固める技術は、土質に合わせた繊細かつ緻密な分析と施工が求められ、同社は締固め品質を高める独自のノウハウを保有していることを強みとしている。国ごとに異なる規格や道幅、土質に合わせた機種を開発・提供し、先進国では高品質かつ効率的な公共インフラ整備、途上国では短工期かつ低コストでの道路づくりに貢献している。また、道路に限らず河川堤防や砂防ダムの強靭化対策でも同社の技術は注目されている。

### 業界に先駆け新技術を開発

「当社の事業の根幹にあるのが技術開発力。お客さまの高度な要望に応えるための新製品開発と基礎技術研究を担う人材が欠かせない」と吉川孝郎執行役員は語る。理系の新卒者は毎年10名程度採用している。入社後はまずローラの組立現場で半年間の研修を行った後、配属先の開発本部でさらに半年ほどの研修を実施する。機械系であれば2次元・3次元CADの操作などを学ぶほか、製品開発部の各グループで一定の研修期間を経て、製品ごとの機能、仕様、設計方法の違いなどを理解してもらう。

開発担当者は、車両1モデルに対して、製品企画から開発・設計、試験、量産化までの一連の工程に幅広く携われることが特徴だ。実際に国内外の施工現場に赴き、直接ユーザーからニーズをヒアリングする機会も多く、今後の企画・開発に活かすことができる。その分、開発担当者には、何事にも果断に挑戦するチャレンジ精神が求められる。吉川執行役員は理系新卒者に期待することを3つ挙げる。自ら率先して問題を発見し行動できる「主体性」、自主的に課題を見つけてアプロー

チする「成長意欲」、自ら立てた目標に対して貪
欲に突き進む「目標達成意欲」だ。

　近年ではミリ波レーダーを利用した後進用緊急
ブレーキ装置や汎用型自律走行式ローラ、リチウ
ムイオン電池で駆動する電動（EV）式ローラなど、
施工現場の安全・省力化・脱炭素の面で業界に先
駆けた新技術の開発を進めている同社。開発者と
しての創意工夫を思う存分に発揮でき、最先端の
スキルを身につけることも可能だ。

酒井重工業の代表的な土工用振動ローラ（SV514D型）

**理系出身の若手社員に聞く**

### 自主性と独創性が尊重される職場

開発本部 製品開発部 開発第5グループ
**清水 仁人**さん
（福岡工業大学卒、2016年入社）

　土工用振動ローラの開発を経て、2022年から舗装用のタイヤロー
ラの開発を担当しています。技術者として企画から携わることがで
き、インドネシアでの現地試験に携わった経験もあります。開発面
では自分のアイデアややり方を尊重してもらえることが大きなやり
がいですが、自分の設計が市場クレームの原因になってしまったこ
ともあるので、日々自己研鑽が重要だと感じています。目標とする先
輩技術者に一歩でも近づけるよう、機械系はもちろん、電気系技術
の勉強もしています。

### 前例のない技術の開発に挑戦できる

開発本部 新技術開発部 研究第1グループ
**大町 直輝**さん
（福岡工業大学大学院修了、2018年入社）

　社会に貢献する機械を開発していることなどに興味を持って入社
しました。現在は汎用型自律走行式ローラの開発を担当しています。
業界初の技術を搭載するので、安全規準や機能、動作方法など、ま
だまだ検討段階の事項も多くあります。前例のない開発を進めてい
くことは難しくもあり、やりがいがあります。新しいことに挑戦する
のが好きな人にはうってつけの仕事だと思います。将来は周囲から
頼られる技術者を目指したいです。

| 会社DATA | | |
|---|---|---|
| 所在地 | （本社）東京都港区芝大門1-9-9 |
| | （開発本部・生産センター）埼玉県川越市中福849 |
| 創業 | 1918年5月 |
| 代表者 | 代表取締役社長　酒井 一郎 |
| 資本金 | 32億9584万円 |
| 従業員数 | （グループ）620名（2022年3月31日現在） |
| 事業内容 | 道路建設機械の製造販売および産業機械の製造販売、仕入販売 |
| URL | https://www.sakainet.co.jp/ |

# 株式会社三進製作所

## 75年のノウハウもつ、水処理技術のプロフェッショナル
### ──技術力の強化目指し、社内に研究施設を開設

＼記者の目／
ここに注目 →
- ☑ 環境問題に貢献する濾過機のパイオニア
- ☑ 社員のチャレンジ精神を支える教育制度が充実

三進製作所は工業用濾過装置のパイオニアとして知られる。祖業の濾過事業に加え、排水処理装置と排水に含まれる金属や薬品のリサイクル事業を三本柱に、製造業向けの水処理システムを提供している。特にめっき加工など表面処理事業の水処理にノウハウをもつ。1948年に濾過機メーカーとして創業し、常に「世の中に求められる一歩先」を目指して研究開発を続けてきた。「環境問題」という言葉が一般的でなかった60年代からめっき加工時に出る排水に有毒物質が含まれることに着目し、排水処理装置の製造も開始した。以来、環境貢献の観点から事業展開を続けている。

### 多角的提案支える人材教育

「大手企業と競争するのではなく、自社の技術を活かせるニッチ分野でトップを狙う」と柳下宙士社長は意気込む。創業から続く濾過事業は、濾過助剤を用いたプリコート濾過機や濾布濾材を使った濾過機が強み。めっき加工では品質維持のため、多くの化学薬品を含むプロセス液の固形不純物の浄化に欠かせない。表面処理事業者を中心に評価を得てきた。濾過の方法には繰り返し使用でき、環境にやさしい濾布濾過やプリコート濾過に加えて、使い捨て可能で手軽に導入できる糸巻濾材・メルトブロー濾材・膜濾材を使用した方法もある。同社では顧客のプロセスや目的だけでなく、ランニングコストや環境問題を含め最適な濾過方法・濾過装置を提供している。

また顧客の排水に含まれるニッケルや銅などの金属を回収・リサイクルする事業にも取り組む。顧客にイオン交換装置を設置し定期的に引き取り、再生。発生した金属は分別して再生事業者に販売する。現在犬山工場と東京の事業委託先企業の2拠点で実施しているが、今後は再生設備とノウハウの提供を進め、委託先を拡大。国内外に拠点を増やしていく。これまで運搬の際に出ていた二酸化炭素（$CO_2$）を削減し、脱炭素化社会に貢献する。表面処理事業者の上流から下流まで、一貫した提案ができる企業は他にはないという。

多角的提案には広い知識をもった人材が必要となる。若手技術者を対象に、製品の基礎技術となる化学工学を体系的に学べる社内勉強会を毎週開催している。同社の水処理技術の研究拠点「技術研究所」の所長が講師を務め、固液分離の基礎から講義する。受講者からは「仕事の中でわかったつもりだったことの原理がわかり、理解度が一段上がる」と好評だ。またジョブローテーションにより、濾過機・排水処理装置両方の技術者として教育している。「製品を形作る原理を学ぶことで多角的な知識を得て、新たな技術に挑戦してほしい」（柳下社長）と人材育成に力を入れる。

### 広い視野で新しい技術に挑戦

水処理のプロフェッショナルとして事業展開を続ける同社が今後目標に掲げるのは、技術力の強化だ。2022年4月に犬山工場内に技術研究所を開設。濾過装置、排水処理システムなど自社技術

代表取締役社長
柳下 宙士さん

全自動FD型濾過機

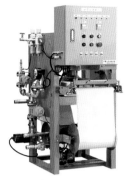

全自動小型脱水機

の開発に活かすほか、新たな事業モデルとして顧客からの試験依頼に対応する。従来は試験管レベルでしかできなかった試験・評価・分析が実際に近い設備でテスト可能。日量50トンの排水処理場を併設し、同工場の排水処理とともにモデルプラントとして活用する。また顧客や機械の購入を検討する企業に向けて、自由にテストができるスペースも用意。オープンイノベーションの取り組みを広げ、水処理技術の課題を総合的に解決するための環境を整えた。

パイオニアとして技術を磨いてきた濾過助剤を用いたプリコート濾過機や濾布濾材を使った濾過は、仕組みがシンプルなようで明らかになっていない部分があるという。そこでより付加価値のある技術に発展させるための研究も進めている。「最近は経験したことのない技術に関する問い合わせが増えている。これらに応えるための教育体制も設備も整備しており、チャレンジできる土壌は整ってきた。視野を広く持って課題に取り組める技術者を育てていきたい」(同)と意気込む。

時代の一歩先をいく創業から続く理念を忘れない姿勢が、同社の推進力となっている。

**理系出身の若手社員に聞く**

## 未知の分野の知識を学ぶ意欲を評価してくれる

技術部 設計課
**高木 朝日**さん
(2017年入社 県立広島大学
生命環境学部 環境科学科 卒業)

環境系の仕事を希望して入社しました。大学では生物を専攻していましたが、今は濾過機の設計を担当しています。顧客の要望に合わせて装置をカスタマイズし設計図を作り、必要な部品の手配をするのが日々の業務です。

機械設計の勉強は入社後に一から始めました。畑違いのことを勉強するのは大変でしたが、楽しくもありました。会社や先輩方のサポートもあり、今では複雑な大型装置の設計も任されています。自分で設計した機械の試運転に立ち合い、動作した瞬間の達成感は言い表せないくらい大きいです。

**会社DATA**

| | |
|---|---|
| 所在地 | 名古屋市中村区亀島2-22-2 |
| 設立 | 1953年4月20日(創立は1948年9月1日) |
| 代表者 | 代表取締役社長　柳下 宙士 |
| 資本金 | 1億円 |
| 従業員数 | 110人 |
| 事業内容 | 濾過装置、リサイクリング装置、排水処理装置の開発・設計・製造・販売 |
| URL | https://www.sanshin-mfg.co.jp/index.html |

# 株式会社スギヤマメカレトロ

## あらゆる工作機械を修理・改造
──機能や制御装置の追加・置き換えで価値高める

＼記者の目／
ここに注目  ☑ 機種やメーカーを問わず図面なしで対応
☑ 基本技術から職人技まで時間をかけ社内で教育

　工作機械は「マザーマシン」と呼ばれ、ありとあらゆるさまざまな工業製品の部品や金型を生み出す。スギヤマメカレトロはこの工作機械を修理・改造する国内屈指の企業だ。図面がない場合でも、産業機械を含め機種やメーカーを問わずどんな依頼にも対応する。メーカー別の機械の特徴まで把握する長年の技術蓄積のなせる技だ。構成部品を総分解して点検・整備し、組み立て直して新品の性能に戻す修理「オーバーホール」に加え、改造では顧客先の現場に最適なように修理前より機能を高める提案もする。「名機を蘇らせるのが私たちの仕事」と浅野博幸社長は話す。

　中でも得意とするのが自動車や工作機械などに使用する軸受（ベアリング）を仕上げる研削盤だ。軸受は搭載先の性能を大きく左右する重要部品。その加工機の修理・改造を任されるのは業界を代表する大手各社からの厚い信頼の表れだ。

　また旧型の汎用機械に最新のコンピュータ数値制御（CNC）装置を搭載して再生する「レトロフィット」も手がける。また国内外の主要メーカーに対応し、CNC装置を載せ替える「リプレース」も得意とする。さらに航空機用を中心とする自動リベットカシメ機（オートマチックリベッター）、鉄道の車輪を修正加工する旋盤などの専用機も生産している。一品一様の機械に向き合

い、技術力と創意工夫で社会に貢献している。

### 技術系がユーザーの現場に密着

　図面なしでありとあらゆる工作機械を修理・改造するには機械や加工の幅広い知識が欠かせない。学校で専門教育を受けた人材でなければ同社では活躍できないと思われがちだ。しかし「技術者を一から育てられる伝統こそ当社の根幹」と浅野社長は説く。実際、2023年4月入社の大学卒新入社員6人中、5人が文系出身だ。基本技術から新人を教育する。キサゲと呼ぶ、重要部品の表面を超精密に手作業で仕上げる職人技もしかり。「簡単な機械でも任せるには最低3年から5年はかかる」（浅野社長）とし、社内での人材育成に時間をかけている。

　同社では一般のメーカーと異なり、困りごとを直接聞き出すために修理担当や機械・電気系設計者などの技術系社員が顧客先に頻繁に出向き、現場に密着する。技術部門でも事務所や工場に籠もりきることはない。

　打ち合わせでは人と人との信頼関係も重要だ。「専門知識もさることながら、『元気がいい』とか『人ときちっと話せる』という一人ひとりの個性が大事」と浅野社長。「責任を持っていろいろな仕事ができる。そういうことを面白がれる人に来てほしい」（浅野社長）と同社で働く魅力を説く。

### 社員の働きやすさを追求

　給与水準は「岐阜県内の機械・金属加工の業界水準より高めにするよう意識している」（同）という。高品質や納期を守り顧客を満足させる仕事ぶりには、社員一人ひとりに対し受注案件ごとに

代表取締役
**浅野 博幸**さん

機種やメーカーを問わずあらゆる工作機械を修理・改造する

技術力と創意工夫で生産する専用機

報奨金も出る。資格取得や技術・技能向上のための研修費も会社が全額負担している。

　働きやすさも重視し、同一労働同一賃金を実践している。やる気があれば75歳まで再雇用の延長も可能。子育て支援を含め働きやすい職場作りを進める企業として「くるみん認定」も取得した。

　一方、役職登用は実績と実力を重視する。2022年には30代前半の課長も誕生した。「リーダーシップがあり若手に人望がある。職場を引っ張ってほしい」(同)とし、職場の活性化を図っている。

　モノづくりの世界では、電気自動車(EV)化やデジタル変革(DX)への対応などの大変革が起きている。「修理・改造も特殊専用機もチャンスがある。そのため今後は研究開発を強化し、他社にはない独自の要素技術を育む」と浅野社長。デジタル技術の活用やロボットとの連携も重要課題に揚げ、さらなる成長を目指す。

**理系出身の若手社員に聞く**

## 技術身につけ早く自分の判断で作業したい

製造部
**東 楓翔**さん
(2021年入社)

　モノづくりが好きで機械関係の仕事がしたいと思っていました。当社を選んだのは工作機械の操作だけでなく分解や組み立てまでできるからです。入社2年目で、主担当の先輩の指示で実際に機械を分解、洗浄したり組み立てたりしています。

　職場は明るく話しやすい人ばかりで仕事が楽しいです。最初は力の加減さえわからなかったキサゲも、今では時間はかかりますがOKがもらえるようになりました。早く技術や技能を身に付け、自分の判断で作業ができるようになりたいです。

**会社DATA**

| | |
|---|---|
| 所在地 | 岐阜県本巣市数屋1053－12 |
| 設立 | 1959年3月 |
| 代表者名 | 代表取締役　浅野 博幸 |
| 資本金 | 2250万円 |
| 従業員数 | 110人 |
| 事業内容 | 工作機械・産業機械の修理、改造、レトロフィット、リプレース 各種専用機の開発、設計、製造、販売 |
| 納入先 | 自動車関連、航空宇宙関連、鉄道車輛関連、鉄鋼関連、軸受関連、建設機械関連 |
| URL | https://sugi-mecha.co.jp |

# ダイヤモンドエレクトリックホールディングス株式会社

## V2H対応の蓄電システムを製造
—— 車と家をつなぎ、災害に強い電力供給網を構築

\記者の目/
ここに注目

- ☑ 経営トップが明確なメッセージを発信し、結束固める
- ☑ 育児休業など、女性が働きやすい環境を整備

ダイヤモンドエレクトリックホールディングス（東証プライム上場）は連結子会社のダイヤゼブラ電機（大阪市淀川区）を中核事業会社として、自動車機器、エネルギーソリューション、電子機器の3つの事業を展開する。自動車機器は点火コイルや電装品、エネルギーソリューションはパワーコンディショナ（パワコン）や蓄電システム、電子機器は冷暖房・給湯用着火装置などの製造・販売を行っている。現在、グループを挙げて取り組むのが「車と家をものづくりでつなぐ」というビジョンだ。

「われわれは自動車の電動化やクリーンエネルギーの普及といった地球規模の大きな潮流にも対応できる技術を持つ。トヨタ自動車様が2022年夏から販売を始めた住宅用蓄電システムに当社製品が採用されるなど、成果が出始めている」

小野有理社長はプロジェクトの進捗状況をこう語る。近年、住宅用蓄電システムは自然災害による停電への備えとして注目を集める。トヨタ自動車様が提供するシステムは太陽光発電と蓄電池を併用して停電時にも電力を供給できるほか、電動車と接続すれば車載バッテリーも住宅のバックアップ電源として使うことができる。

代表取締役社長
**小野 有理**さん

### 点火コイルは世界で広く販売

再生可能エネルギーを中心とする次世代の電力システムでは、太陽光発電などで生まれた過剰な電力を電気自動車に蓄電し、太陽光発電が利用できない夜間などに電気自動車から電力会社の送電網に供給する仕組みが検討されている。電気自動車と住宅の間で電力を融通し合うことは「V2H（ビークル・ツー・ホーム）」、電気自動車から送電網に電力を供給することは「V2G（ビークル・ツー・グリット）」と呼ばれ、すでに実証実験も始まっている。同HDでは車載充電器など、V2G実現に寄与するための新製品開発にも力を入れる。

同HDの企業としての歴史をさかのぼると、1937年創業のダイヤモンド電機にルーツがある。同社は自動車用点火コイルを初めて国産化したメーカーとして知られる。2018年に持ち株会社制に移行し、翌年にはトランスやパワコンの製造を手がける田淵電機が傘下に入った。さらに2021年にダイヤモンド電機の製造以外の開発や販売部門を田淵電機へ移管し、田淵電機はダイヤゼブラ電機に社名変更した。

現在、同HDの点火コイルの世界シェアは第3位に位置する。また、住宅用蓄電システムの国内シェアはトップである。車や住宅だけではなく、発電システムや蓄電池を持つ工場やオフィスなども電力送電網を介してつながり、地域全体で発電量を管理・分配して、効率的に使うという構想もあることから、今後は産業用パワコン事業の強化も図る。さらに点火コイルで$CO_2$を削減するというアイデアの実現にも取り組んでいるという。「旧ダイヤモンド電機、旧田淵電機の強みも活か

V2H対応の多機能パワコンシステム

車載充電器

し、社会の公器として企業内革命ひいては産業革命を起こす」と小野社長は意欲を燃やす。

## 働く仲間の幸せを担う責任感を

　現在、米国やインドなど7カ国に8つの生産拠点があり、社員数は国内外合わせて4000人を超える。小野社長は常にわかりやすい言葉でメッセージを発信し、コロナ禍で世界的に経済活動が落ち込んでいた時期には、自ら空手の技を披露する動画を配信して全社を鼓舞した。国内では外国人や女性を積極的に採用しており、フレックスタイム制や在宅勤務、育児休業制度の利用を促し、子育て世代が働きやすい雰囲気も醸成する。

　「会社が何を目的にし、どこに向かっているかは明確なので、自分で考え行動できる人には働きやすい環境だろう。ただ、ものづくり企業はみんなで頑張ろうという機運や士気も重要だ。働く仲間の幸せを自分も担っているという責任感を持ってしっかり役割を果たすことで、個人としても成長してほしい」（小野社長）

**理系出身の若手社員に聞く**

### 中国拠点の董事副総経理として、小野社長のグループ経営を支える。

　岡本さんは中国拠点の董事副総経理として、小野社長のグループ経営を支え、新たな時代を率いる多様なリーダー候補の一人として小野社長の期待を受けている。

　「日本の大学の理工学部を卒業し、技術者として入社しました。その後、自己都合で退社して独学で中国語と日本語の勉強をし、またこの会社に帰ってきました。現在は中国拠点の董事総経理として、働く仲間達には社長の経営理念、方針の元、一緒に職場を掃除したりするなど、行動と共に示すことで、小野社長が推進する世の為人の為の経営を理解してもらえるように心がけています」

中国ダイヤモンド電機（蘇州）董事
副総経理
**岡本 南芳**さん
（2018年入社）

**会社DATA**

| | |
|---|---|
| 所在地 | 大阪市淀川区塚本1-15-27 |
| 設立 | 2018年10月1日 |
| 代表者 | 代表取締役社長 CEO 兼 グループCEO　小野 有理 |
| 資本金 | 6億6400万円 |
| 従業員数 | 4156人 |
| 事業内容 | 自動車機器、電子制御機器の製造販売 |
| URL | www.diaelec-hd.co.jp |

# 株式会社ツガミ

## 高精度・高速で精密部品を生み出す
──中国やインドなどの海外でも製品が活躍

＼記者の目／
ここに注目　→
☑ 精密加工のプロから信頼が厚い独自の製品技術
☑ 活躍の場は世界

　日々の暮らしを快適で便利にしてきた時計やパソコン、スマートフォン（スマホ）などの精密機器。これらの高い機能性は、搭載されている精密部品が源泉であり、その精密部品を生み出しているのが、ツガミの工作機械だ。寸法や形状などミクロン単位の精度で加工するCNC自動旋盤やマシニングセンタ（MC）、研削盤の製品群を誇る。工場内のスペースの有効活用と使用時のエネルギー効率の高さを強みに小型工作機械の総合メーカーとして、民生品から産業分野まで、さまざまな分野でモノづくりを支えている。

### エンジニア志望者の理想的環境

　現代社会の生活に欠かせない各種情報通信機器に搭載される精密部品は、複雑な形状や厳格な幾何公差が要求されるため、機械精度に優れたCNC自動旋盤を使って生産される。その主要メーカーの一角を占めてきたのがツガミである。精密電子部品を製造する国内大手メーカーや中小規模の部品加工業など、工作機械のユーザーに「高精度」「高速」「高剛性」で安定した品質の部品を量産できる価値を提供してきた。国内の機械加工産業が

本格的なツールスピンドルを搭載した生産形複合加工機
SS20MH-Ⅲ-5AX

成熟しつつある昨今は、海外のユーザーから高い評価を受け、プレゼンスを高めている。今後もワールドワイドにビジネスを展開していく。

　日本や欧米向けの高精度で効率性を高めたハイエンドな製品の開発と製造を手掛けながら、中国をはじめとした新興国の市場も確実に攻略し、収益力を高めて手堅く事業を展開する。製品の開発や生産技術の確立の一役を担うエンジニア志望者にとっては、安心して自身の知識や経験を活かして、仕事ができる体制が整っている。

### 独自の技術開発により
### 全世界で高い評価

　主力製品のCNC自動旋盤では、ガイドブッシュを使う加工とガイドブッシュを使わない高精度短尺部品の加工を容易に切替できるなど、独自の技術開発を手掛け、全世界で評価をされ、独自のポジションを獲得しているツガミ。その中核を担う技術者には国内に留まらず、海外でも力を発揮することを期待する。人材に求めるのは、習慣や文化が違う海外でも臆せず、顧客に献身的に寄り添い、モノづくりを支える意欲だ。採用時の面接では、志望者に海外で勤務する可能性があることを伝える。困難でも前向きに、やり切る覚悟、強い気持ち、たくましさを求める。学歴や経験は問わない。

　たとえば、20代後半の若手社員が営業技術担当者として米国に赴任し、現地のユーザーに対してサポートやメンテナンスを行うなど、エンジニアが海外に赴任する実例はツガミでは珍しいことではない。

　実際に米国での勤務を経験した長岡工場技術四部開発グループ技師の頓所正人さんは、日本とは異なる価値観の顧客と触れ合うことで学ぶことが

主軸移動型自動旋盤の生産ライン

長岡工場全景

多かったという。

「現地のユーザーと信頼関係を構築するのは大変でしたが、その経験から『顧客の要望に応える機械を開発したい』という思いが深くなり、製品開発の部門で働きたいという思いが明確になりました」と振り返る。

自分の知識や経験を活かした製品や技術の開発を志すエンジニア志望者は、専門性を高める努力に加え、異なる価値観や生い立ちを持つ人と一緒に共同で作業を進めたり、環境や文化が日本と異なる状況で働くことになった場合も乗りきる強い精神力を身に付けたりすることを日ごろから意識しておくと将来、技術者としても可能性が広がるであろう。ツガミでの技術者としての経験は技術者としてだけでなく、人としても大きく成長するチャンスになる。

製品技術や社会環境が変われば、ツガミが置かれる立場も変わる。それでも世の中はこれからも省エネや効率などが重要視されるだろう。小型工作機械への期待はさらに大きくなるだろう。そのときにツガミが選ばれるように、経営層も知恵を絞り、手堅く事業を展開しながら、社員が成長を感じられる舞台を用意する。会社の将来性、社員個人が自らの成長を実感できるという点で、ツガミは大きな可能性を秘めている。

**理系出身の若手社員に聞く**

## 海外を舞台にしたダイナミックな仕事で成長

長岡工場 技術四部
開発グループ技師
**頓所 正人**さん
（2012年入社）

ユーザーの要望や現状の課題に対する改良策を盛り込んだ製品を開発しています。工作機械は学生のときから知っていました。さまざまな産業を支えるのに欠かせない機械であること、そのなかでも当社の機械は小型でありながら、正確な動きで高精度が必要な精密部品を生み出し、世界で活躍していることが魅力でした。入社後は海外での勤務も経験し、日本とは違う価値観や考え方の方々との仕事を通して、成長を実感できました。世界を舞台にダイナミックに仕事ができる会社です。

**会社DATA**

| | |
|---|---|
| 所在地 | 東京都中央区日本橋富沢町12-20 |
| 設立 | 1937年3月 |
| 資本金 | 123億4500万円 |
| 従業員数 | 3144人（2022年9月30日現在） |
| 事業内容 | 精密工作機械の製造および販売 |
| URL | https://www.tsugami.co.jp/ |

# テイ・エス テック株式会社

## 「座る」技術を追求したシート製品群を展開

### ——部門の垣根を越えて社員が交わり、知恵を結集

＼記者の目／
ここに注目 →

- ☑ 自動車・二輪車の安全・安心を支える製品をグローバルに供給
- ☑ 完成車メーカーに引けを取らない、最新の開発・製造設備を導入

### 常に先を見据えた研究開発

二輪車用シートや四輪車用シート、ドアトリムなどの開発と設計、製造、販売を一貫して手がけるテイ・エス テック。四輪車向けでは、ホンダが世界で生産する自動車の約6割にシートを供給している。二輪車向けではホンダ、スズキ、ヤマハ、川崎重工業ら国内大手の全メーカーにシートを供給し、国内シェアのトップを誇る。ハーレーダビッドソンやフォルクスワーゲンなど海外メーカーの製品も手がけ、グローバルで事業を展開する部品サプライヤーだ。一方で、主力製品のシートで培ったノウハウをもとに、医療用チェアやさまざまな場面で使用されることを想定した「座る」に関する製品を提供し、顧客と事業分野を広げている。

シートはユーザーが直接触れる製品であり、安全性やデザイン性、また快適性など妥協は許されない。開発から製造に至るさまざまな工程で、最新技術を積極的に導入してきたことが、国内外の大手メーカーから信頼を寄せられる同社の製品供給を可能にした。例えば、安全評価解析に関しては、2004年に「ダイナミックスレッド試験機」を日本で最初に導入。国内に2台、北米に1台を保有する。人体ダミーを使用して衝突時の衝撃を正確に再現し、このデータをシミュレーション解析（CAE）することで、より高度な安全性を追求する。製品の強度や座り心地、しわの発生といった素材特性、内装照明の光り方などもCAEを活用し、開発の精度向上と短期化に取り組んでいる。

他にも、乗車時の揺れを忠実に再現する6軸加振機やモーターの稼働音質を正確に測定するための半音響室などを保有し、細部にわたるさまざまな項目を検証。外観品質や耐久性向上、軽量化を目指した素材研究も行い、常に「今を超える」"安全性と快適さ"を実現する製品開発を進めている。

また、より安定した品質とより効率的な生産体制を実現するため、金型製作や自動化など、製造技術の開発にも積極的に取り組んでいる。製造技術を蓄積し、開発から量産に至るさまざまな工程でリードタイムの短縮を図っていることが、製品をより安く提供する同社の競争力の源泉になっている。

### モノづくりを通じた人材育成

テイ・エス テックは、研究・開発、営業、購買、品質管理など機能別組織制でありながら、製品開発やプロジェクトなどを部門横断で効率的に進める体制を敷く。最新の技術を積極的に導入し、高機能な製品の開発と効率の良い生産体制を構築するとともに、機能別組織と部門横断の良さを活かしながら会社の将来を担う人材育成にも戦略的に取り組んでいる。

開発・技術本部長を務める鳥羽英二取締役は、「部門横断型で仕事を進めることにより、多様な考えに触れることができ、社内のネットワークも広がるなど、社員の成長につながっている」と説明する。さらには、社員それぞれの経歴や能力に

取締役 常務執行役員
開発・技術本部長
**鳥羽 英二**さん

次世代の車室空間を体験できるXR Cabin

ダイナミックスレッド試験機での試験前準備

応じた"学びと成長"を促すために、階層別研修や選抜研修などの制度に加え、OJTを通じた独自の仕組みでも社員のリーダシップや仕事への意欲を引き出している。

　自動車業界は大変革期の真っただ中にあり、刻々と変化する市場のニーズに応え続けるためには、従来の考え方や方法に満足せず、新たな価値創造に向けた挑戦が必要となる。そして、課題や困難に遭遇したとしても、目標達成に向けて社員一人ひとりが考え、行動をし、粘り強く取り組む

ことが求められる。「研究・開発をはじめ、どんな仕事でも時にはうまくいかないことがある。そんな時、失敗自体を"悪"と捉えるのではなく、"成長機会"とすることが大切だと考えている。困難に対してどのようにアプローチして、成功へと導いていくか、その場しのぎではなく、本質を見抜ける社員を育てたい」と鳥羽取締役は語る。多様な人材とその良さを認め、背中を押すことで成長を実感できるように、マネジメント層も知恵を絞り続けている。

**理系出身の若手社員に聞く**

## 業務外活動の後押しで視野が広がる

開発・技術本部
開発試験部 実験・研究課
東京都立大学大学院
理工学研究科機械工学専攻 修了
**宋　迪**さん
（2017年入社、入社6年目）

　自動車用シートは安全性と快適性を追求することが命題です。それらを高いレベルで両立させることは難しいですが、その分やりがいを感じます。当社はシート製品の開発・製造にとどまらず、シートの新たな用途を考えようとするマインドがあります。これまでの印象的な経験として、大学など研究機関の人が参加する「シートの新しい用途」を考えるワークショップに参加する機会がありました。業務と少しでも共通点があれば、さまざまな活動への参加を後押ししてくれるのが当社の魅力です。

**会社DATA**

| | |
|---|---|
| 所在地 | 埼玉県朝霞市栄町3-7-27 |
| 設立 | 1960年12月 |
| 代表者 | 代表取締役社長　保田 真成 |
| 資本金 | 47億円 |
| 従業員数 | （単独）1763名、（連結）1万4308名（2022年3月） |
| 事業内容 | 四輪車用シート、四輪車用内装品、二輪車用シート、二輪車用樹脂部品などの製造販売 |
| URL | https://www.tstech.co.jp/ |

# 株式会社東海機械製作所

# 大型部品を一貫生産できる中小企業
## ──造船で培ったノウハウを大型産業機械へ展開

\記者の目/
ここに注目

☑ 大型部品加工からロボットSIer事業まで幅広く事業展開
☑ 多種多様な職種から自分の輝ける仕事を探せる

東海機械製作所は大型の機械部品や機械装置の製造を手がける。トンネルを掘削する巨大なシールドマシンの部品をはじめ、"Bigなモノづくり"の豊富な実績を誇る。これらの仕事は縁の下の力持ちとして、目には見えない形で社会を支えている。

例えば、いまや生活の必需品であるスマートフォンを作り出す過程にも、東海機械製作所の技術が生きている。スマホの構成部品として欠かせないのが電子基板だが、これを製造するための産業機械の部品は東海機械製作所の主力だ。また、近年はタイでロボットシステムインテグレーター（SIer）事業を継承。製造現場の自動化も手がけている。

## 時代に沿って事業内容が進化

東海機械製作所の強みはスケールの大きな事業展開にある。加工対象の大きさもさることながら、中国とタイに築いた海外2拠点にまたがるグローバルな活躍、さらには大型部品の溶接から機械加工、組み立てまで一貫生産できる点などで存在感を発揮している。愛知県内の中小企業で大型部品の溶接や機械加工のみを請け負う企業は少なくないが、大型部品の組み立てまで一貫生産できる企業は数えるほどしかないという。加えて大型部品や機械装置の設計も手がけられる中小企業となると、東海地方でも貴重な存在だ。この強みを

代表取締役社長
近藤 盛仁さん

活かした自社ブランドの機械装置は国内外に多くの納入実績がある。

こうした幅広い事業展開を可能にしてきたのが、時代のニーズへ柔軟に対応する企業姿勢だ。75年にわたる東海機械製作所の歴史は造船産業から始まった。時代は下って同産業のピークが過ぎると、培った大型部品加工のノウハウを受け継ぎつつ、これを活かして先端分野の半導体産業に参入。現在は半導体産業で使用される産業機械のベース部を主力としている。

同部品は一般的に大型に分類されるが、超大型部品の経験が豊富な東海機械製作所にとっては中型程度。従来の仕事で使用してきた加工可能範囲8メートルの5面加工機に同部品を三つ並べて加工し、量産する方法を編み出した。

一方でこのベース部に、最小で約2ミリメートル角という多数の部品を組み付ける作業も手がける。ネジを一つ締めるごとにガイドの直進性を厳密に計測しながら組み立てる。得意な技術を軸に新たな技術を習得し続けることで、幅広い産業の顧客を開拓している。

## 広い視野で楽観的に挑戦を

新入社員はビジネスマナーなどの外部研修を経て現場を体験し、適性を見極め部署配属される。配属後はクレーン操作や溶接など、各部署で必要な資格を取得。そのための実技練習は各部署が支援する。

どの部署でも「これしかできない」と固執することなく、なんにでも柔軟にチャレンジする人材が求められる。仕事内容はダイナミックな大型部品の加工から精密な部品組立まで幅広い。設計業

大型部品をはじめとした"Bigなモノづくり"が得意

近年はタイでロボットSler事業を拡大中

務もあれば海外勤務もありと、多様な活躍の可能性に満ちている。そのため、最初に配属された部署で伸び悩んでも問題はない。

「部署を変わって急に輝き出す例もたくさん見てきた」と近藤盛仁社長は振り返る。「楽しく仕事をしてほしいし、自分が一番輝ける仕事を見つける後押しをしたい」（近藤社長）と熱意を語る。

社員からも一昔前の"背中を見て覚えろ"といったやり方を意識的に排し、丁寧に教えようという思いを感じるという。「自分はどちらかと言えば運がいい方だと考えているような、少し楽観的な

くらいでいい。ピンチの時も『こうすればうまくいくかも』と、切り抜ける方法をひねり出そうとする姿勢が大切だ」（同）と笑顔を見せる。

当社ではここ最近、製造部においても女性の活躍が目立ってきている。

今後はさらに新しい取組みを加速し、誰もが働きやすい環境に会社を進化させていく。最近では、大型機械工場にエアコンを完備したことで、夏も冬も適性温度で仕事ができて働きやすい工場となった。また、一部の部署ではDX技術を活用しタブレットを導入したことで教育を簡素化している。

**理系出身の若手社員に聞く**

## 機械加工の意外な楽しさを知りました

機械チーム
**内藤 翔**さん
（2016年入社、
岡崎工業高校機械デザイン科卒業）

産業機械のベース部を加工する機械オペレーターの仕事をしています。もともと興味があったのは溶接でした。在学中の職場体験で東海機械製作所を訪れ、溶接技術を教えていただいたのが入社のきっかけです。みんな優しく、親しみやすかったのが印象的でした。

入社後は溶接を担当してきましたが、ある時お客様の製造現場に応援で入り、機械加工を体験しました。苦手意識を持っていた機械加工でしたが意外に楽しく、お客様も応援期間を延長してくださいました。戻ってからは機械加工チームへの異動を希望。どの部署の先輩もできるようになるまでていねいに教えてくれます。

会社DATA

| | |
|---|---|
| **本社所在地** | 愛知県岡崎市藤川町字北荒古32 |
| 設立 | 1953年4月 |
| 代表者 | 代表取締役社長　近藤 盛仁 |
| 資本金 | 5000万円 |
| 従業員数 | 109名 |
| 事業内容 | 油圧機械ならびに周辺機器の設計・製作、大型産業機械の受注・製作、電子機器関連部品の受注・製作、船舶用機械の受注・製作、大型精密切削加工および研磨加工、一般産業機械および部品の製造 |
| URL | http://www.tokaikikai.co.jp/ |

# 中日本炉工業株式会社

# 技術を追求する工業炉専門メーカー

## ──ロングセラーを生んだ多彩な熱処理技術

\記者の目/
ここに注目 ➡

☑ 前向きな失敗は歓迎、技術開発にチャレンジ精神を発揮

☑ 新人研修は6カ月、資格取得は会社負担

### 高品質を実現する次世代炉を開発

中日本炉工業は、鋼材に熱を加えて加工する工業炉をフルオーダーメードで製造しており、顧客の要望に多彩な技術で対応している。1974年に開発した加圧冷却方式の真空炉は発売以来、国内外で高い評価を獲得。「NVFシリーズ」として小型から大型までをラインアップし、焼き入れ、焼き戻し処理や真空ろう付けなど幅広い熱処理用途でロングセラーを続けている。受注する工業炉のすべてが特注品といえるだけに、後藤峰男社長は「常に挑戦する気持ちで技術の開発に努力してきた」と自負する。こうした姿勢が「前向きな失敗は歓迎」というチャレンジ精神を育み、会社全体に浸透している。本社には熱処理工場を持ち、自社製炉を使って熱処理の受託加工を行っており、自ら実践し、蓄積した加工技術、ノウハウを工業炉製造にフィードバックしている。

次世代自動車やロボットの普及など技術革新に伴い、材料や製品を加工、処理する工業炉に対するニーズは多様化、高度化している。従来以上に高品質な熱処理の実現を目指した技術開発から生まれたのが、次世代工業炉といえるアクティブスクリーンプラズマ（ASP）窒化装置だ。

プラズマを用いた窒化処理は、焼き入れに比べ

て比較的低温（約500℃）で処理し、材料の熱変形が少ないといった特徴を持つ。ASP窒化装置ではスクリーンを介してプラズマを発生させる方式とし、窒化性能の制御性に優れ、プラズマを用いた窒化処理で課題とされていた材料の表面荒れ、窒化ムラを抑えることができる。高品質な熱処理技術として、名古屋市と名古屋産業振興公社が制定する「工業技術グランプリ」で2020年度に同公社理事長賞を受賞するなど評価を得ている。さらに、将来のカーボンニュートラル（温室効果ガス排出量実質ゼロ）達成への貢献でも期待されている。

### 社員が意見を出し合い改善提案

顧客の要望に柔軟に応えながら作り込む工業炉は、従来にない構造だったり、時に世界初の試みだったりと創造性に富むモノづくりといえる。後藤社長は「こうした製品づくりを支えているのは従業員一人ひとりの力だ」という。各自が職場で十分に能力を発揮できるための支援を惜しまず、特に、新人研修には約6カ月以上をかけており、2カ月の外部機関研修など、さまざまな経験を積みながら成長を促している。仕事に役立つ資格取得も奨励しており、費用は全額会社負担だ。また、社員同士で仕事のやり方や設備の操作方法などを学び合う勉強会「5分間道場」は、当初の製造現場から設計部門へと広がり、仕事を学ぶ場であると同時に、上司部下・先輩後輩のコミュニケーションの場ともなっている。

各職場では社員からの改善提案が活発で、ベテラン、若手を問わず、気軽に意見を出し合い、改善に取り組んでいる。これまでに工場で空調設備

代表取締役
**後藤 峰男**さん

顧客の要望に柔軟に対応して作り込む

職場づくりに社員の意見を取り入れている

を整えたほか、設計部門では5年前から社員の意見を取り入れて自動昇降デスクを導入し、快適な職場環境づくりに全社一体で取り組んでいる。健康経営の実践を通じて生産性向上を図るにあたり、後藤社長は「社員にはもっと声を出してほしい」と新しい視点で会社の風土を変えていく考えだ。

現在はデジタル変革（DX）を推進し、全社的な業務の効率化を加速している。熟練工のノウハウをデータベース化した熱処理レシピ生成システム「DiMA」では「令和2年度情報化促進貢献個人等表彰　経済産業大臣賞」を受賞するなど、得意のITでモノづくりの進化に挑んでいる。また、効率化による長時間労働削減への取り組みが認められ愛知労働局からベストプラクティス企業に選ばれている。モノづくりと同様、人材育成や業務改善にもチャレンジ精神を発揮している。

**理系出身の若手社員に聞く**

## 熱流体解析で設計の課題に立ち向かう

生産本部設計技術部
**宮野 修輔**さん
（2018年度入社）

設計部門で熱流体解析を担当しています。数値解析シミュレーションソフトを使って不具合の原因を探ったり、工業炉の新規製作や改造に関わる検証をしたり、さまざまな課題に取り組んでいます。

若手でもプロジェクトを提案できるなどチャレンジしやすい環境は魅力の一つです。例として、社内で3次元（3D）プリンター導入の話があった際、解析実験用の模型作成にも活用したいと思い、皆と一緒に提案し、認めてもらいました。資格取得支援や社内勉強会など学ぶ機会も多く、さらにレベルアップに励んでいきたいです。

**会社DATA**

| | |
|---|---|
| 所在地 | 愛知県あま市木折八畝割8 |
| 設立 | 1965年1月 |
| 代表者 | 代表取締役　後藤 峰男 |
| 資本金 | 2000万円 |
| 従業員数 | 114名 |
| 事業内容 | 真空炉、電気炉、焼成炉および付帯機械設備、燃焼設備、制御装置の設計、製作、施工、金属熱処理およびCVDコーティングの受託加工 |
| URL | https://nakanihon-ro.co.jp/ |

# 長野オートメーション株式会社

## 生産ラインの効率化・省人化にチャレンジ
──生産ラインの自動化システム開発メーカーとして

＼記者の目／
ここに注目 →
☑ 世界的なEVシフトでリチウムイオン電池の生産ライン能力拡大が急務
☑ 生産ラインを持つすべての企業が潜在顧客

### EV化の波に乗り生産設備を増強するお客様を支える

　長野オートメーションは、製造業生産工場の自動化システム開発メーカーとして、オーダーメードの自動化生産ラインの設計／製作を手がける。1981年に創業し、2002年には中国に現地法人を設立するなど、グローバル経営を展開する。現在は、自動車業界［電気自動車（EV）やハイブリッド自動車（HEV）に搭載されるリチウムイオン電池］、電池業界の引き合いが多く、受注は増加傾向にある。事業規模や業種にはとらわれず、「生産ラインを持つすべての企業が顧客になる」と山浦研弥社長は語る。

　同社は、各業界の製造工程のシステム開発で培った知見を持つエンジニアが8割を占め、顧客の装置製作に活かすサイクルで事業を拡大している。生産ラインの設計から組立を一貫して手がけることで、その知見が蓄積され、さらに先輩から後輩に引き継がれて他社との差別化につながっている。エンジニアの育成には、技術教育だけでなく人間力向上教育も徹底している。一つの装置を完成させるにはすべての部署が連携する必要があり、コミュニケーションの円滑化が重要。ある部署が多忙なときは、他部署から応援に駆けつける

など社員同士の結束力も強い。

　一品一様の装置づくりの業界トップを目指すには、豊富なノウハウが求められる。同社は顧客に自動生産ラインを導入することが目的ではなく、安全で効率性の高い生産現場を提供することに注力している。このため、営業・機械設計・制御設計・組立の各部署の社員が頻繁に現地に足を運んでいる。目の前のお客様の要望に120％で応えることで、生産技術を磨き上げてきた。「取引先の生産ラインへの投資意欲の高まりから、引き合いは増すばかり」（山浦社長）であり、世界的なEVシフトや、国内の人手不足に伴う省力化や効率性を追求する生産システムの需要に応える。

### 離職率の低さでアイデアを蓄積

　創業以来、約40年間の知識の蓄積と知見からアイデアを絞り、取引先からの多種多様な要求以上の成果を上げ、事業を拡大させてきた。その背景にあるのは離職率の低さだ。定年退職を除き、離職率は1％以下にとどまる。離職率の低さは、エンジニアの育成という点においては最大の武器となる。会社が一丸となって新人の育成に当たることで、新入社員の離職者もほとんどいない。さらに、中途採用にも積極的で事業拡大の加速にもつながっている。

　同社は10年先を見据えて新しい業界への挑戦を続けている。また、生産ラインを設計・製作する企業と協業し、新しい技術開発にも乗り出している。山浦社長は「これまで自動車業界からの顧客が多かったが、医療や食品業界などからも引き合いが増えている」と述べ、今後も堅調な企業成長を確信する。

代表取締役社長
**山浦 研弥**さん

開放感のある設計室、一人ひとりのスペースを確保

研修では細かな作業を直接、熟練工が指導する

部品製作から設計、組立、稼働まで一貫で手がける

## 挑戦こそが真理！一度きりの人生だから

赤岡 俊亮さん
（信州大学卒、2012年入社）

　私は機械系の学部を出て、当社の門をたたきました。入社理由は面白そうだったからです。現在は、工場の自動化を図る「ファクトリーオートメーション」に使われる自動化装置の根幹となる機械設計を手がけています。

　業務では材料力学や熱力学、流体力学、機械力学が活躍します。学生時代に学んだ力学の応用系がここにあります。決められたことをやって終わりではなく、常に新しいテーマに、従来よりもブラッシュアップされた工法を考え、挑戦することが求められます。はっきり言って大変です。ただ、私の友人がつぶやいていた言葉が脳裏に残っています。「大変な仕事こそ、稼げる。大変じゃないと稼げない」これはある意味真理です。就活生の皆さんには、「この仕事は簡単ではありません。難しいことに悩む方が多いかもしれません。けれど、せっかく一度きりの人生、挑戦してみませんか」と伝えたいです。

## さまざまなテーマを切り開く装置の魅力

柏原 諒太さん
（長野工業高等専門学校卒、
2015年入社）

　効率的な生産設備にするための電気回路図を設計し、その後、制御プログラムを作成、そして、正常に動作するまでの工程を手がけています。自分でつくり上げたプログラムがロボットを動かし、そのロボットが製品を組み上げる。難しさはありますが、完成した時の喜びは大きいです。

　学生時代は電子工作が好きで、当初は基板設計ができる会社を選びましたが、仕事をこなしていく中で、生産設備などに使われるプログラマブルロジックコントローラ（PLC）に出会いました。プログラムと聞くと、データが計算されるだけで仮想的なイメージが強いです。たとえばゲームでは、キャラクターがテレビ画面の向こう側で動いています。それに対し、当社で行うプログラムでは、ロボット、エアシリンダ、モータなどの実物が目の前で動きます。転職したのは、そのような動作が目に見える仕事に携わりたいと思ったからです。さらには、一つの装置を繰り返し製作するのではなく、多様なお客様向けに異なる装置を納めるという、日々新たな仕事に出会えることも当社の魅力です。

| 会社DATA | | |
|---|---|---|
| 所在地 | 長野県上田市下丸子401 | |
| 設立 | 1982年10月1日 | |
| 代表者 | 代表取締役社長　山浦 研弥 | |
| 資本金等 | 1億3500万円 | |
| 従業員数 | 174名 | |
| 事業内容 | 製造業生産工場の自動化システム開発メーカー | |
| URL | https://www.nagano-automation.co.jp/ | |

# 名古屋特殊鋼株式会社

## 技術力で挑むティア１金型メーカー
──素材提案からアフターサービスまで一括対応

\記者の目/
ここに注目 ➡

☑ 積極投資で解析力やリバースエンジニアリングを強化
☑ 次世代技術講習や横串を刺した人材教育で競争力を育成

名古屋特殊鋼は、特殊鋼商社と金型メーカーの二つの顔を持つ。元々は特殊鋼の卸問屋として創業し、1980年代に金型事業に進出した。素材の提案から金型の設計・製造まで一貫対応できる点を強みに、トヨタ自動車をはじめデンソーやアイシンといったグループの大手部品メーカーとも取引するティア1（一次取引先）として存在感を高めている。

いま、自動車業界では電動車シフトが最大の潮流となっている。元々、エンジン部品向けの金型を主力としてきた名古屋特殊鋼にとっても大きな変化で、鷲野敦司社長は「電気自動車（EV）戦略がどう進むか注視している」と構える。そこで打ち出す中心施策が、積極的な次世代投資だ。すでに車載電池の製造設備向け部品を加工できる旋盤を導入したほか、2023年度はモーター用金型を想定し、高精度な仕上げ加工ができる大型の平面研削盤の大型投資を決めた。鷲野社長は「ステンレスやアルミニウム素材の加工もできるよう技術力を付けている所だ」と対応力強化に目を向ける。また車の電動化に欠かせない戦略部品で、今後も使用量や生産量の増加が見込まれる半導体領域でも「製造設備部品向けなどで参入できれば」（鷲野社長）と意欲を燃やす。

代表取締役社長
**鷲野 敦司**さん

### 分析技術で金型長寿命化に貢献

電動化に加えて力を入れているのが、製品の構造などを分析して設計や動作解明などにつなげる研究開発型の提案事業「メイトクLabo」と、消耗した金型や図面のない金型などを非接触型3次元測定器でスキャン・測定し高精度に再現する「リバースエンジニアリング」だ。2020年に金属組織や組成などを調べる「メイトクLabo」を開設。主に損傷した金型の組成解析や破損原因の究明などを実施しており、金型の長寿命化提案などにつなげている。開設から2年間で既存の微小硬度計やマイクロスコープのほか、摩擦摩耗試験機、走査型電子顕微鏡（SEM）などを導入し、調査・分析力を高度化。鷲野社長は「設備が充実したことで知見を残せ、顧客に根拠と共に金型の使い方や最適な特殊鋼素材の提案ができるようになってきた」と手応えを示す。材料メーカーに持ち込んで調査するよりも早期に回答できることもあり、評価依頼は増加傾向だ。同社は元々、割れたり欠けたりした金型を修復する補修溶接事業も手がけており、設計・製造からアフターサービスまで一括で手がける体制が整いつつある。SDGsの観点からも今後、金型の長寿命化や再利用は需要が高まる可能性がある。「研究開発型のワンストップサービスが重要になる」との先見性に伴う投資は、同社の新たな強みになりそうだ。

### 教育体制の充実に力

次世代に向けた投資の強化は、事業だけでなく組織にも及ぶ。2年ほど前から、生産現場のデジタル変革（DX）促進を狙ってプログラミング講

素材提案から金型設計・製作まで一貫サポート　　金型の組成解析などを行うラボの機能を拡充している

習を始めた。年々技術レベルを上げながら、現在は数人の選抜メンバーを対象に実施している。このほかドローン教育も行うなど、次世代分野の人材育成を強化している。もう一つ注力するのが、2022年から始めた年代や階層、職場の枠にとらわれない教育体制の充実だ。コロナ禍により働き方が大きく変わり、さまざまな化学反応を生み出す社員同士の交流の機会はますます重要になっている。鷲野社長は「横串を刺すことで、これまでの個別の強さを組織の強さにしていきたい」と狙いを語る。社員による大学での学び直し支援や、

3年ほど前から始めた若手と役員の意見交換会も継続し組織力につなげる構えだ。

空飛ぶクルマや自動運転、仮想現実（VR）など、SF世界の技術が実現する現代。鷲野社長は「モノづくりで未来を変えられる面白さがある」と魅力を語る。視野を広く持ち先を見据えることが重要だとした上で、「周りには一緒に仕事する仲間がいる。社員が誇りを持てて幸せになる会社にしたい」と力を込める。一人ひとりが力を発揮できる環境整備に、今後も取り組む方針だ。

**理系出身の若手社員に聞く**

## 挑戦できる環境で幅広く経験活かす

名古屋特殊鋼 技術部
**坂井田 昌樹**さん
（2016年入社）

大学で機械工学を学び、リバースエンジニアリングや積極的な設備導入、福利厚生が最も充実していた点に惹かれ入社しました。現在はCAD/CAM設計を手がけています。初めての素材でも最初から過酷な加工条件を試せるなど、色々なことに挑戦させてくれ、学べる会社だと感じています。失敗しても周りが一緒に考えてくれる点も心強いです。今は作業の自動化に興味を持ち、プログラミングの勉強も始めています。新しいことに積極的に取り組み、その経験を幅広く活かしていきたいです。

**会社DATA**

| | |
|---|---|
| 所在地 | 愛知県犬山市字鶴池78-1 |
| 設立 | 1965年 |
| 代表者 | 代表取締役社長　鷲野 敦司 |
| 資本金 | 9520万円 |
| 従業員数 | 約200人 |
| 事業内容 | 金型設計・製作、特殊鋼販売 |
| URL | http://www.meitoku.co.jp/recruitment/ |

# 株式会社ハーモニック・ドライブ・システムズ

## 唯一無二の減速機で技術革新を支える
──空や宇宙、地底から医療現場まで活躍する製品

\記者の目/
ここに注目 →
☑ 新しいことへの研究・挑戦を歓迎する社風
☑ 研究熱心で謙虚な仲間たちと自分の専門性を高められる

歯車を使用してモータの回転速度を落とし、動力を伝達する減速機。産業機械や各種ロボット、自動車、飛行機など日常生活に身近な製品から人工衛星といった特殊な分野の製品まで幅広く搭載されている。特に近年、研究開発が活発なロボットには、減速機の一種「波動歯車装置」の搭載が進んでいる。その波動歯車装置のリーディングカンパニーが、㈱ハーモニック・ドライブ・システムズだ。社会を支える産業分野に加え、医療や環境などの社会課題を解決する技術として、さまざまな方面から注目されている。

### 世界初の製品に携われる

1955年に米国の発明家、C.W.マッサーが、歯車と金属の弾性変形（たわみ）を応用する動力伝達方法を開発したことが、波動歯車装置「ハーモニックドライブ®」の原型だ。

同社は産業用ロボット技術とともに成長してきた。繰返し精度や位置決めの再現性、高トルクの出力といった産業用ロボットの重要な機能を支える。

「1970年代後半から始まったと言われる産業用ロボットの研究開発、活用で、『ロボットの性能が悪いのも、よく壊れるのも、全てハーモニックドライブ®のせい』と言われていた」とフェロー

フェロー（最高技術責任者）
執行役員 技術・品質担当（兼）
品質保証本部長（兼）品質責任者
**清澤 芳秀**さん

（最高技術責任者）執行役員 技術・品質担当兼品質保証本部長兼品質責任者の清澤芳秀氏は歴史の一端を明かす。そのような批判に晒されるほど、ハーモニックドライブ®は産業用ロボットの生命線をなす部品なのである。

「先輩たちは悔しい思いをしてきたはずだが、研究を続けてきたから今がある。お客様に教えていただき、鍛えられることで、性能が高まり、評価していただけるようになった」（清澤さん）

その用途は半導体製造時の搬送、手術支援向けの医療用ロボットなど高精度が求められるロボットや火星探査車、自動車の燃費向上のキーパーツとしてなど、産業や研究開発、多くの人の日常生活を支える身近なものまで、あらゆる製品に搭載されている。

「お客様からハーモニックドライブ®に寄せられる要望は前例のないものが多い。それは世界初の製品や誰も考えていないことを成し遂げてきた歴史があるから。当社には世界初の技術に関わるチャンスがある」と清澤さんはハーモニック・ドライブ・システムズのモノづくりのスケールの大きさを説明する。

### ひらめきを実現に結び付ける力

そんな同社の求める人材は「わからないことでも、興味を持ってチャレンジする人」（清澤氏）その人材を採用試験で見極める一環として、5分間で学生時代の研究テーマや趣味などについてプレゼンテーションを行うことを課す。関心事や物事に取り組む姿勢、何を考え行動し、学びに活かしたかを評価する。

ハーモニックドライブ®の基本構造はわずか3

実際に製品の組立や分解を行いながら、耐久試験などの実験を行います

主力製品のハーモニックドライブ®をはじめとする多様な製品群

つの部品で成り立っている。しかし、それらを構成するベアリングの材質や動作の仕方、一つひとつの部品を加工する際の形状寸法精度、組立て作業時の再現性など、考慮するべきことは多岐にわたる。清澤さんは「お客様の要望を満たす方法や製品開発の正解は簡単に見つからない。だから、『不可能なことを可能にするための方法を考えることが好きな人』がいい。『ひらめきを実現に結び付ける力』を期待したい。興味や関心を持ったことには『ダメ』と言わず挑戦させる」と人材育成の方針を話す。

また、同社の市場は国内に留まらない。海外の顧客も多く、製造拠点もある。若手社員も海外に赴任する可能性がある。

「海外を経験すると業務に向き合う姿勢が変わってくる。技術者も海外での勤務を経験することはその後の人生においてプラスに働くと思う」（清澤氏）

同社には、多様な経験や知識、能力を評価し、社員の成長を促す仕組みが構築されている。

**理系出身の若手社員に聞く**

## 進化の余地がある技術と製品

開発・技術本部RD開発部
**滝澤 健太**さん
（2016年入社）

ハーモニックドライブ®には減速機の基本3部品に周辺部品を追加したラインアップがあり、周辺部品の性能や信頼性も製品にとって重要です。私はその中でも特にユーザからの要望の多い摺動部品の長期的な信頼性向上に取り組んでいます。実験してその結果を評価するのは地道な仕事ではありますが、世の中で発見されていない現象を発見するチャンスがあります。当社製品に対して要望があるということは、まだ進化の余地があるということです。わからないことに興味を持つ仲間と働きたいです。

**会社DATA**

| | |
|---|---|
| 所在地 | 東京都品川区南大井6-25-3 |
| 設立 | 1970年10月 |
| 代表者 | 代表取締役社長　長井 啓 |
| 資本金 | 71億3万6369円 |
| 従業員数 | 1145人（連結）412人（単体）<br>※2022年3月31日現在 |
| 事業内容 | 波動歯車装置の開発と設計、製造、販売 |
| URL | https://www.hds.co.jp/ |

# 株式会社不二鉄工所

## フィルム製品の自動巻取機を製造
### ——しわなくきれいに巻き取る技術が国内外で評価

＼記者の目／
ここに注目

- ☑ 従業員の3分の1が設計技術者で、半数以上が1級技能士
- ☑ 設計技術者が製品の試運転や調整も担当

不二鉄工所は工業用フィルムや包装材料など、シート製品の自動巻取機や自動スリッター（切断機）を製造する専門メーカー。巻取機や切断機は生産ライン内に配置される装置で、これまで食品パッケージや家庭用ラップ、液晶ディスプレイ、壁紙など、さまざまな製品の製造現場を支えてきた。生産の途上で半製品や原反をしわなく、きれいに巻き取ったり、巻き替えて次工程に送ったりすることが最終的に製品の品質に大きく関わってくる。

松本拓人社長は「シートやフィルムの素材はさまざまで、搬送速度も異なる。社内では巻き取り中の製品を一定の力で抑える接圧や張力、速さなどの制御のほか、カット方法の選択などを総合的に『ウェブ（帯状のシート）ハンドリング技術』と呼んでいる。その技術を追求することで、顧客の生産性や品質向上に貢献してきた」と話す。

1954年、織布染色工場で中間製品を巻き取るための装置を製造販売する会社として、松本社長の祖父が創業した。1966年に巻取軸にトルクを与える「中心巻取方式」による自動巻取機を開発し、プラスチックフィルム分野に進出。1973年にはロール自動包装機の製造販売を開始した。さらに、巻き取り後の製品取り出しや巻芯の交換なども自動化した機種や、幅5〜9㍍にもなる工業

用フィルムに対応した大型装置などを次々と製品化し、業容を拡大してきた。

## 顧客の声が技術力向上につながる

設計・開発、機械部品や制御装置の製作、組立、試運転までを社内で行う一貫生産体制を敷く。製品の大型化に対応するため、2004年に本社工場隣接地に新工場を開設したほか、門型5面加工マシニングセンタや10㍍の長尺部品を加工できるNC旋盤なども導入している。

現在、従業員は約140人。そのうち約50人が電気、機械分野の設計技術者で、半数以上の技術者が一級技能士の資格を持つ。顧客へのヒアリングや提案などの構想段階から設計技術者が関わり、製品完成後の社内での調整や試運転、顧客への納品にも設計技術者が立ち会う。その狙いや意義について、松本社長は「設計技術者が顧客の生の声を聞くことで、使いやすさなど設計時にイメージしにくいことも具体的に知ることができる。設計と試運転や調整などの業務はそれぞれ別のスタッフが担当した方が効率がいいのは分かっているが、技術者の技量の底上げややりがいの発見にもつながるので、この体制はこれからも崩さず、続けていく」と説明する。

## 名実ともにアジアナンバーワンに

松本社長は2018年、経営トップに就任したのを機に、これまでの歩みを振り返り、長く指針としてきた「技術開発に専心し、顧客から信頼される巻取品質を提供する」という考え方をあらためて経営理念として明文化した。「顧客の要望に応えるために、とりあえずやってみる、挑戦すると

代表取締役社長
**松本拓人**さん

幅広フィルムに対応した自動スリッター

製品の試運転、調整の様子

いう風土は創業時からずっとあった。それが200件以上の特許件数にも表れている」

また、経営理念の上位には「全従業員とその家族の物心両面の幸福を追求すると同時に、社会の進歩、発展に貢献する」という企業理念を新たに置いた。さらに「名実ともにアジアナンバーワンの地位を確立する」という中期経営ビジョンも掲げた。

すでに自動巻取機、切断機の出荷台数や企業規模では国内、アジア圏ともにナンバーワンの地位を築いている。「名実ともにトップになるには、品質や顧客の期待度をさらに向上させ、顧客が新しい取り組みを始めたり、困難に直面したりしたときに必ず最初に社名が挙がるような存在にならなければならない。また、従業員の満足度も上げなければ、中身を伴ったナンバーワンとは言えない」と松本社長。真のトップを目指し、今後も技術開発に立脚した企業として走り続けるつもりだ。

## 理系出身の若手社員に聞く

### 多くの勉強の機会に恵まれ、やりがい感じる

技術部技術2課
川面 (かわづら) 武蔵さん
（2021年入社）

大学では機械システム工学科でロボットの研究をしました。プログラムを組んで、機械を動かすのが楽しかったので、今の会社を選びました。現在、機械設計を担当する技術1課とも連携を取りながら、製品の電気回路や制御プログラムの設計・開発業務に従事しています。今はまだ経験していませんが、顧客先での試運転や調整も任せてもらえるので、技術者として力をつけるという意味では、多くの勉強の機会があり、やりがいも感じながら毎日仕事をしています。

**会社DATA**

| | |
|---|---|
| 所在地 | 大阪府交野市星田北5-51-5 |
| 設立 | 1961年12月20日 |
| 代表者 | 代表取締役社長　松本 拓人 |
| 資本金 | 1億円 |
| 従業員数 | 136名 |
| 事業内容 | 自動巻取機、スリッター、包装機の製造販売 |
| URL | https://www.fujitekko.co.jp/ |

# 三鈴工機株式会社

## 生産設備と物流の総合プラントシステム・エンジニアリングメーカー

### ──国内大手食品メーカーや海外メーカーからも高評価

- ☑ 食品の生産設備から物流まで幅広く製品を展開
- ☑ 東南アジアをはじめ海外にも自社製品を展開

　製パンから製菓、冷凍食品まで幅広い食品産業向けに、生産設備と物流の総合プラントシステムとエンジニアリングを手がけてきた三鈴工機。1950年代にコンベヤメーカーとして産声をあげてから、1960年代から食品加工機械の開発、生産を開始。現在は総合プラントシステム・エンジニアリングメーカーとして、国内外の名だたる大手メーカーから高い支持を得ている。

　同社の打田卓也社長は、「自社製品としては、海外にも納めている『クーリングコンベヤ』というスパイラル状のコンベヤがあり、フィリピンの納入先企業では、工場見学の通路で一番目立つところにあり、シンボルのようになっている」と胸を張る。オーブンから出てきたパンを冷やす工程で使われる。「特に海外で、アジアの方で認められており、現地の大手メーカーからも高い評価をいただいている」(打田社長) こうした国内外からの高い評価が、従業員のモチベーションにつながっているという。

　「当社のオリジナル製品としてはこの他に、ドライカプセルという、コンビニなどの荷下ろしで見かけるパンの入ったケースがあります。トラックから出てくるケースを洗う装置も、当社が作っています」(同)

代表取締役社長<br>**打田 卓也**さん

## 開発からメンテナンスまで一貫して手がける

　同社は開発から、設計、製造販売、メンテナンスに至るまで、自社で一貫して行えることを強みとしている。打田社長は「この強みをベースとして、これからも事業を展開していきたい。その中でもやはり、当社はコンベヤから事業をスタートし、国内外の大手食品メーカーにまで取引先が広がってきたことは、従業員が誇りに思える部分かと思う」と話す。

　祖業であるコンベヤ関係も、自動車関係から段ボール、倉庫、物流まで幅広いところで、同社の製品やサービスが役立っている。また、同社は主に、英国や米国などの輸入機械も国内でライセンス販売し、顧客の生産ラインに機械を据え付けるところまで対応。営業部門では米国人社員が活躍するなど、国際化にも対応している。日本人でも「技術が身に付いている人であれば、外国語が話せなくても現地に行って仕事ができるし、語学が身に付いている人ももちろん歓迎する」と説明する。

　2020年11月には、東京都大田区の羽田空港近くに東京事業所を立ち上げた。その狙いは、「これまでは本社のある三重県を拠点に顧客対応してきたが、東京という地の利を活かして、製品のPRや新製品開発を進めるスペースが欲しかった」からだという。東京事業所は、関東以北向けの物流拠点としても活用されている。

## ジョブローテーションでさまざまな部署を経験

　理系の新卒人材について打田社長は、「理系の

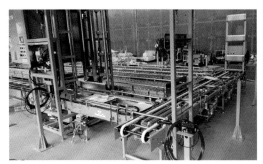

東京事業所内に開設した「イノベーション・ラボ」では同社の主力製品を多数展示

三重県にある本社工場

学生であれば、設計や技術営業ができる人材が欲しい」という。「電機や機械系を学んでいた学生らがベスト。それ以外でも、IT系に強い人がいれば、営業やマーケティングで活躍してもらいたい」とし、仮想空間での展示会など、バーチャルによるプロモーションもできる人材を育成していく方針だ。

今後の人材育成については、「体系的、階層別に実務教育をしっかりとしていく。次のステップに向けて着実に取り組んでいる」（同）社内のOJTや研修だけでなく、社外でも国内外の展示会や他社の視察に社員を行かせるなど、見聞を広める活動にも力を入れていく。

さらに、打田社長は、「30代くらいまでに、いろいろな部署を経験してもらうジョブローテーションをやりたい。本人の希望を聞いた上で、営業に行きたければ営業、設計がやりたければ設計というように一通りのスキルを身に付けてもらえれば、どこの部署でも対応できるようになる」と青写真を描く。MMT（三鈴マイスタートレーニング制度）という独自の資格取得奨励金も支給しており、社員の学びを後押し。同社は創業100周年に向け、次代の人材育成に力を注ぐ。

---

**理系出身の若手社員に聞く**

## 自らが関わった稼働設備を目にして
## 達成感を味わえる

技術部 東京設計グループ
**村尾 圭太**さん
（2014年入社）

大学の紹介で、地元の会社でもあり一度見学に行ってみたら、大きな機械があり、「これは面白そうだ」と思い入社試験を受けることを決めました。入社してから2020年までは、四日市の本社で機械の設計から据え付けまでを経験し、現在は東京事業所で設計を担当しています。仕事のやり甲斐としては、自分が関わった設備が実際にお客様のラインで動いているのを見たときに、達成感を味わえるところです。社内の雰囲気としては、ゴルフやバイクなど、共通の趣味をもった社員同士が交流するなど、社員同士の仲が良い会社です。

| 会社DATA | | |
|---|---|---|
| 所在地 | 三重県四日市市楠町北五味塚530 | |
| 設立 | 1946年6月 | |
| 代表者 | 代表取締役社長　打田 卓也 | |
| 資本金 | 9516万円 | |
| 従業員数 | 147人 | |
| 事業内容 | 食品加工機械装置の開発・設計・製造・販売、物流機械装置の開発・設計・製造・販売、食品FAシステムエンジニアリング、標準コンベヤ設計、製造、販売 | |
| URL | https://www.misuzukoki.jp/ | |

# 株式会社タニタ

# ヘルスメーターのリーディングカンパニー
## ──健康を「はかる」「つくる」そして「習慣」に

＼記者の目／
ここに注目 →

☑ 2021年にヘルスメーター国内累計販売1億台を突破
☑ 社員の挑戦を応援する社風が世界初の商品を生む

　タニタは1959年に家庭用体重計（ヘルスメーター）の製造を始めて以来、体組成計といった「健康をはかる」さまざまな機器を製造、販売している。2012年には丸の内タニタ食堂を開店するなど「健康をつくる」サービスへと事業を拡大。人生100年時代といわれる現在、新たなミッションとして掲げるのが「幸せを感じられる社会のための健康習慣づくり」だ。

## 健康はかる「精度」へのこだわり

　「健康習慣づくり」は、からだの状態を正確にはかることが基本となる。しかし、人間のからだは常に変化しており、微細な変化を捉えることは大変難しい。タニタでは精度の向上を追求し、2005年からは50g単位で体重をはかれるようになった。さらに、最新のハイスペックモデルの体組成計は、最先端の医学的分析手法である「4C法」を基準としたアルゴリズムに加えて、タニタの計測技術を集約し、より高い精度で体組成をはかる技術を開発した。ユーザーが計測結果を検証することはできない。だからこそ、技術者として責任とこだわりを持って高精度な商品開発に努めている。

## 健康づくりを追求する

　計測を習慣化すべく、手軽かつ楽しくはかれる

機器や、健康に関する新たな指標の開発を目指している。タニタには、乗るだけで計測できる機能や、新指標「筋質点数」を採用した体組成計など、世界初を実現した商品が多数ある。その基盤にあるのは「チャレンジできる社風」だと事業戦略本部開発部の蔦谷孝夫部長は話す。

　「入社1年目から新商品の企画提案ができる。他方で責任も伴うためプレッシャーはあるかもしれないが、その分達成感も大きい」（蔦谷部長）アイデアを生むために多くのインプットが必要と考えており、展示会や学会への参加を重視している。「今すぐには役に立たなくても、未来の商品開発に向けてタネをまいておくことが大切」（同）

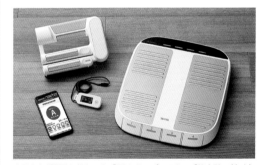

市原さんが開発に携わった「FRシリーズ」の1つ「筋力計」（左上）

森さんが企画・開発に携わった「黒球式熱中アラーム」

事業戦略本部 開発部 部長
兼 コア技術研究所 リーダー
**蔦谷 孝夫**さん

と、社員の挑戦を歓迎する。

社員に求めるのは「他者との協力で新商品を生み出すチームワークと、失敗しても粘り強く諦めない気持ち、そして何よりも大切なのがアピール力。新商品を生み出す際は、まず自分が良いと思う技術を他者に伝え、理解してもらう必要がある」（同）

## 「やりたい」と手を挙げれば挑戦できる環境

事業戦略本部 開発部 商品開発課
**市原 聖也**さん
（2017年入社）

新商品の企画・開発に携わり6年目になります。もともとモノづくりが好きで、大学時代に学んだ生体センシング技術を活かしたいと思い、タニタに入社しました。現在は入社当初から開発しているセンサを用いた新商品の開発に取り組んでいます。これは約2年半前に自ら提案したもので、商品化に向けて日々邁進しています。新商品の開発は苦難の連続ですが、その分ブレークスルーできた際の達成感はひとしおです。

タニタには「やりたい」と手を挙げれば、挑戦できる環境があります。実際に私も、大学時代は電気系やプログラミングなどの勉強が主で、メカ設計の知識は入社後に身につけました。新たな挑戦にも、大学時代に身につけた「モノの考え方」を活用できます。いろいろなチャレンジをしてみたい方にはぴったりの会社です。

## 自分に制限を設けず、新たな挑戦を楽しむ

生産戦略本部 量産設計センター
技術5課
**森 遥香**さん
（2019年入社）

現在の商品ラインアップに連なる新商品の企画および開発をメイン業務としています。入社当初から黒球式熱中アラームの企画・開発を担当しており、4年目になります。実際に商品を使っているお客様の声を聞くと日々の励みになります。企画から開発まで一貫して携われるのは、本社の従業員数が約250人の規模感で風通しのよいタニタならではの魅力ですね。

また、社長と社員の距離が近いというのも特徴です。2週間に1度、昼休み明けの15分間で社員が5人1組になり、テーマに沿ってオンラインで雑談する「シャッフルトーク」を行っているのですが、これには社長も参加します。常に社員を気にかけ、話しかけてくれる環境があります。

大学時代に専門的な知識を身につけていないと仕事ができないわけではないので、安心していただきたいです。タニタではOJTでの知識の習得はもちろん、セミナーや学会への出席も奨励しているので、自分に制限を設けず、新たな挑戦を楽しめると良いと思います。

| 会社DATA | | |
|---|---|---|
| 所在地 | 東京都板橋区前野町1-14-2 |
| 設立 | 1944年1月 |
| 代表者 | 代表取締役社長　谷田 千里 |
| 資本金 | 5100万円 |
| 従業員数 | 1200人（グループ） |
| 事業内容 | 家庭用・業務用計量器などの製造・販売 |
| URL | https://www.tanita.co.jp/ |

# ナプソン株式会社

## 電気抵抗率/シート抵抗測定装置のニッチトップ
### ──半導体や薄膜の開発や測定を支えるプロ集団

\記者の目/
ここに注目

☑ 半導体ウエハー抵抗測定、液晶薄膜測定での販売シェアは世界で80%以上を誇る

☑ 昨年度、賞与実績年間10カ月。今年度も同等月数を予定

半導体、液晶、太陽電池向けに、抵抗率/シート抵抗測定装置を製造・販売するナプソン。同社の測定装置は、半導体材料のシリコンウエハーや液晶パネルなどの抵抗率、膜厚などの検証に使用される。半導体部品、液晶パネル、太陽電池を開発、製造するうえでナプソンの測定装置は欠かせない存在となっている。

身近なところでは、スマートフォンやタブレット端末の画面に貼られている導電膜シートの抵抗率を測定する装置などがある。世界各国の半導体材料や太陽電池、フラットパネル（液晶、有機EL）、タッチパネル、カーボン系新素材などの研究機関、メーカー、大学などが販売先だ。

先代の創業者から経営を引き継いだ中村真社長は、「私は創業から5期目に中途入社し、当時は社員が10人弱ほどしかいなかった」と振り返る。中村社長は入社当初、米国などに自社製品を売り込む海外営業の担当として奔走。「米国の会社がナプソンの製品に興味を持っていて、現地でOEM（相手先ブランド）による展開をしようとしていた」（中村社長）と明かす。今では、同社の海外売上高比率は7割に上り、エンジニアは装置の据え付けでアジアやヨーロッパなど海外に出かけていくチャンスもある。

代表取締役
中村　真さん

### 創業以来磨き続けてきた電気抵抗率測定技術

半導体材料や薄膜などの電気抵抗を測定する方法は接触式と非接触式の2種類がある。接触式はサンプルに針を当て測定するもので、測定対応範囲が広く、さまざまなサンプルタイプに使用できる。非接触式は測定器の間にサンプルを挿入して電気抵抗を測定する方法で、サンプルにダメージを与えることがない。

中村社長は「接触式のメーカーは国内に数社、世界に3〜4社ほどあるが、国内で非接触式の抵抗測定器を手がけている会社は当社以外にない」としたうえで、「接触式と非接触式の両方式の測定器を本格的に開発・製造・販売する企業は、世界中でナプソンだけだ」と淡々と話す。

ナプソンは半導体材料、薄膜、フラットパネル業界に対しては、独自に確立された販売網によって、国内だけでなく海外でも高い市場占有率（シェア）を誇る。根幹となる電気抵抗の測定技術は一貫しているが、用途は半導体ウエハーから太陽電池、液晶、有機EL、パワー半導体向けの化合物などへと広がっている。

### 若手社員に広がる活躍の場

ナプソンの強みは何と言っても研究開発力。技術職のうち、約2割の人員を開発専門に割き、これまで取得した特許は10以上に上る。産学連携にも積極的で、新潟大学、山形大学、千葉大学などと共同研究の実績があり、山形大学とは共同特許も取得している。「電気抵抗以外の測定に関連するさまざまな技術も開発しており、現場から上

セミコン上海2019 ナプソンの現地代理店ブース

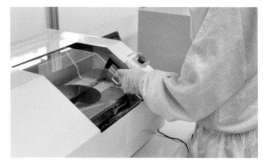

ナプソン　クリーンルームでデモ測定の準備

がってきたアイデアをもとに新規プロジェクトにも常に取り組んでいる」(中村社長)。

　採用面では技術職を中心に、設計・電気・機械・ソフトウエアなどの幅広いエンジニアが活躍。2024年4月の新卒採用については、①電気設計・測定開発、②機械設計、③制御系(PLC)設計、④ソフトウエア開発の4職種を想定し、数名を採用する予定。

　中村社長は「基本的に機械系を学んできた人は機械設計、電気系は電気設計・測定開発といったように配置するが、本人のやる気と希望があれば、専門外の職種に転じることも可能」と説明する。最終学歴は高専、短大、大学のいずれかを卒業した人で、「技術職の場合は、モノを組み立てたり、機械いじりをしたりすることが好きな人は向いているのではないか」(中村社長)という。

　入社後は約3カ月間、各部署で専属の教育係とマンツーマンで製品の組立や測定器の原理などを一通り学んで基礎を身につける。社内の研修とは別に、社外でセミナーや講習会などに参加する際には、会社としてサポートしている。

**理系出身の若手社員に聞く**

## 自由にトライできる風通しの良い社風

技術部開発課
**牛込 賢治**さん
(2006年入社)

　高専の電気電子工学科に在籍していた時に、担任教諭のもとへ当社の先代社長が技術相談に来られたことがきっかけで、入社しました。当初は事業のイメージが湧きませんでしたが、実際に非接触の電気抵抗測定器の開発に携わると、自由にトライアルできる社風だと感じるようになりました。例えば回路設計で今までと違う方式を試してみる、といったように、自分の発想で仕事に取り組んでいます。今は受注が多く忙しいですが、落ち着いたら新たな分野にも挑戦したいと考えています。

**会社DATA**

| | |
|---|---|
| 所在地 | 東京都江東区亀戸2-36-12<br>(工場：千葉市緑区大野台2-5-10　緑と森の工業団地) |
| 設立 | 1984年7月4日 |
| 代表者 | 代表取締役　中村 真 |
| 資本金 | 5000万円 |
| 従業員数 | 43人 |
| 事業内容 | 電子機械装置(半導体関連測定機器)の研究開発、製造販売、輸出輸入 |
| URL | https://www.napson.co.jp/ |

# 株式会社フジワーク

## 製造業に関する多彩な分野で国内外の産業推進に貢献
──手厚い教育体制で、先端技術分野で活躍できる人材をイチから育てる

\記者の目/
ここに注目

☑ 半導体や液晶パネルなどの製造プロセス全般に対応できる高度な製造請負
☑ 多彩な仕事に挑戦できる環境と専門的な知識・技術が得られる教育体制

フジワークは、マニュファクチュアリングサービス事業、いわゆる製造業務請負をメイン事業として展開する企業だ。具体的には顧客である大手メーカーが持つ製造ラインや設備を同社が運用し、生産管理から実際の製造までを丸ごと請け負う。中でも現代の産業にとって必要不可欠な半導体をはじめ、液晶パネルや電気自動車（EV）向け電池などの先端デバイスの製造プロセス全般を対象とした高度な製造請負を受託できるところで独自の地位を築いている。

一方で、同社が持つ顔は実に多彩だ。上記に加え、主に海外工場で製造設備の据え付けやメンテナンスを行う海外製造装置技術サービス事業、在庫管理システムなどのソフトウェア開発を行うIT事業、総合人材サービス事業、産業用検査機器などを開発する製品開発事業、外国現地での人材育成や来日した外国人材への総合的なサポートなどを行う海外事業、さらにはホテル事業や不動産事業など、手がける事業の裾野は広い。

### 半導体人材を育てる自社研修施設

マニュファクチュアリングサービス分野に関して、同社の強みとして経営企画部の森松俊行部長が挙げるのが、「半導体を中心とした将来性の高い先端技術分野で活躍できる人材を、基礎から育

経営企画部 部長
**森松 俊行**さん

てられる体制や環境を備えているところ」だという。特に熊本県・長崎県・山形県に計4カ所設置する「セミコンダクタトレーニングセンター」では、半導体の基礎知識から半導体製造装置などの操作方法や保守・メンテナンスといった専門的かつ実践的な知識・技能を、実際の装置に触れながら身につけられる。「国家資格の半導体製品製造技能士をはじめ、社員の資格取得に向けた勉強もここで実施しています」（森松部長）

また、顧客へのサービス品質向上を目的に、生産性・品質向上に向けた取組み「改善活動」も実施。その中では多様な改善手法も学べる。「改善の成果を発表する改善活動コンテストを10年以上継続しています。顧客メーカーが実施するコンテストに出て優勝したこともあります」（森松部長）

### 先端技術の専門知識・技能をイチから学べる

語学系出身の新人には「語学だけで勝負するのではなく、語学を活かしながらエンジニアとしての知識や技術も身につけて、海外工場などでも活躍してほしい」と期待する。「当社には、工学系の専門教育を受けてこなかった人でも、エンジニアに必要となる知識や技能をイチから獲得できる手厚い教育体制があります」（森松部長）また、東南アジアを中心とする各国の人材と深く関わる場面も多いことから「グローバルマインドも必要」とする。

一方で、理系出身の新人にとっては「学んだ知識を活かして即戦力として活躍できる場がある」と森松部長は話す。「取引先には世界最先端の企業も多く、そうしたメーカーと一緒に仕事をする舞台に早い段階から立つことができます」

「セミコンダクタトレーニングセンター」では、半導体製造現場で必要な基礎知識や実践的な技能を身につけられる

入社後はまずマニュファクチュアリングサービス事業へ配属され、生産現場で半年程度、モノづくりの基礎を学ぶ。「製造業のイロハが詰まった

現場での経験を通じて、当社で活躍するために必要な基本知識やスキルを身につけることができます。その後、希望に沿う形でそれぞれの道で能力を発揮していただくことができます」（森松部長）

特に半導体分野では、その重要性に比して、製造に関する知識や技術を備えた人材の不足が我が国の課題となっている。同社はその課題を解決することで国内、ひいては世界全体の半導体産業の推進に貢献したい考えだ。これらの事業のさらなる発展に向けて、同社では理系・語学系の若い人材の活力に期待を寄せている。

## 若手社員に聞く

### 技術力と語学力を武器に世界で活躍したい

合志事業場 技術サービス課
花輪 佳倫さん（2022年入社）

世界中で需要増が続いている半導体を製造するための装置をセットアップする業務に携わっています。私自身、未知の分野への挑戦となりましたが、入社後はフジワークセミコンダクタトレーニングセンター熊本での研修に加え、測定器や工具の使いかた、電子回路実習など充実した研修を通じて基礎からしっかりと学ぶことができました。関係先には、アメリカや台湾などを拠点とする大手海外メーカーもあるので、大学で学んだ語学力を武器に世界を舞台に活躍していきたいです。

### 日本と世界の発展と相互理解に貢献したい

法務部
向所 杏奈さん（2021年入社）

現在は全国各地に所在するフジワークの事業拠点のコンプライアンスを担当しています。社員一人ひとりが健全な環境で働けるよう、社内の整備を行う仕事です。法務部への配属前は製造の仕事に携わりフジワークのモノづくり力向上に向けた取り組みを実感しました。入社後すぐにフジワークの外国籍社員とともに業務に取り組むことができたのは貴重な経験です。現在は法務部での業務に加え、外国籍社員への社内研修の実施や、就業フォローにも積極的に取り組んでいます。組織の垣根を越え、自分の興味に応じたさまざまなことに挑戦できることが当社の魅力だと感じています。

会社DATA

| | |
|---|---|
| 所在地 | 大阪府大阪市北区大深町3-1 |
| 創業 | 1971年3月 |
| 代表者 | 代表取締役社長　伊藤 貴男 |
| 資本金 | 5000万円 |
| 従業員数 | グループ合計5000名（2022年3月末） |
| 事業内容 | マニュファクチュアリング・サービス事業、エンジニアリング事業、IT事業、製品開発事業、HR事業、ホテル事業、海外事業、不動産事業 |
| URL | https://www.fujiwork.co.jp/ |

# 株式会社ユウワ

## 精密樹脂成形部品の生産・金型設計はトップクラス
### ——中国、ベトナムに現地法人、海外に技術発信

＼記者の目／
ここに注目 →
- ☑ コネクタやカメラ部品など、繊細な技術が求められる製造・加工で高い技術を持つ
- ☑ 文系出身者にもエンジニアリングの育成プログラムを展開

ユウワは、精密樹脂成形部品生産を金型製作から一貫して手がけており、スマートフォンやタブレットといったカメラ関連部品や内蔵されるコネクタなどの微細精密プラスチック部品を生産する。デジタルデバイスは、持ち運びに便利な軽薄短小化と同時に高機能化も進む。コネクタの金型など、ミクロン単位の精度と繊細な技術が求められる製造・加工技術は世界トップクラスを誇る。

### 事業転換が拡大の契機に、グローバル経営も展開

渡辺稔社長が「日本、中国、ベトナムに工場を持ち、世界規模のマーケットに対応している。技術レベルや製品の大きさから判断し、最適地での生産をお客様に提案している」と語るように、グローバル経営も展開し競争力を高めている。2003年に中国、2009年にはベトナムに工場を建設し稼働した。2019年には富士フイルムとの合弁会社富士フイルム・ユウワ・メディカル・プロダクツ・ベトナムを設立し、医療分野にも進出。さらなる発展を続けている。

同社は1975年に設立。当初は通信機用のリレー部品を手がけていたが、2000年ごろから携帯電話用のコネクタに転換した。主力のフレキシブルプリント基板（FPC）コネクタ用金型のコアピンは髪の毛より細く微細で、精密な技術が必要とされ

る。金型1セットを製作するのに部品点数は最大で1500以上に上るのだが、難易度の高い部品製造実績と累積誤差を限りなく「ゼロ」にする技術は差別化につながり、顧客拡大に寄与している。

### ユニークな育成方法、未経験者でも働きやすい環境づくり

社員の育成方法はユニークだ。少子化の影響でエンジニアに必要な機械を専攻する学生が減少しているため、男性・女性を問わず文系出身の社員にも裾野を広げ教育に当たる。「『コツ消し』と名付けて、難易度の高い技術でも全社員が習得できるよう技術の勘やコツをつぶし、手順に落とし込んでいる」と渡辺社長が話す通り、未経験者でも働きやすい環境づくりに取り組んでいる。さらに、女性社員の産休・育休取得から復帰までもサポートする。育休中でも業務の一部ではテレワークを活用できるほか、給与面では休暇前の水準を考慮する体制を整備している。

環境経営にも力を入れる。工場で使用する電力は再生可能エネルギー由来の「信州Greenでんき」に切り替えた。二酸化炭素（$CO_2$）の削減量は、年間で約20万本の杉の木が吸収する量に相当する。本社工場の屋根には太陽光パネルを設置したほか、インフラ設備はすべて省電力化した。こうした環境対策により、本社工場の電力量はピーク時と比べ、約10％以上の削減を継続している。

全社員で毎朝、掃除を行う。取り扱う製品がミクロン単位のため、ちり一つが影響を与えかねない。一人ひとりが社内美化を意識することで、高い品質を維持する。「やってみたかやりもせんで」と、何事にも挑戦する文化を根付かせている。

代表取締役社長
渡辺　稔さん

ミクロン単位の製品を手がけるため衛生面に高い配慮

超精密金型加工技術　雪の結晶はひとつが3mm程度の大きさ

## 機械技術の修得に日々努力、
## 海外勤務が将来の夢に

金型事業部 金型加工1課
マシニンググループ
**佐藤 涼**さん
（金沢工業大学卒、2015年入社）

　大学時代は機械関係を専攻しました。社会人になっても学んだ技術を活かしたいと思い、入社を決意しました。実際に機械を操作してみると想像以上に難しく、最初は戸惑うことが多かったのですが、研修で先輩から親切に指導していただきました。

　現在は大小多様な部品を加工する業務を担っています。携わった製品が使われているのを見ると、社会貢献になったと自信になります。将来はベトナムでの勤務を希望していて、ベトナム語の習得を目指しています。今の技術をさらに磨き、グローバルな舞台で活躍したいです。

## 文系出身者をエンジニアに、
## 育成プログラムを展開

金型事業部 金型加工2課 ワイヤーグループ
**小澤 茜里**さん
（松本大学松商短期大学部卒、2021年入社）

金型事業部 金型加工1課 放電グループ
**木内 京花**さん
（上田女子短期大学卒、2021年入社）

金型事業部 金型加工1課 マシニンググループ
**高塚 あみ**さん
（清泉女学院短期大学卒、2021年入社）

　多くの社員に活躍の場を与えるため、同社は文系出身者にもエンジニアとしての育成プログラムを開始した。プログラムに参加した3人の「エンジニアの卵」に話を聞いた。

　木内京花さんは「先輩が優しく接してくれて、次第に不安が消え去っていきました」という。学生時代は保育を専攻したが、モノづくりに興味を持ち入社した。学ぶことは多いが、充実した日々を過ごす。

　小澤茜里さんは「入社の理由は女性の多さです。活躍の場があると思いました」と振り返る。今では新しいことを吸収するため、先輩に質問する機会が増えた。コミュニケーションは円滑という。

　高塚あみさんは「これまで触れたことがなかったCADを活用し、電極設計をしています。使い方を周りの先輩が優しく教えてくれますので、今後は後輩の育成にも力を入れたいです」と将来の夢を語る。

| 会社DATA | | |
|---|---|---|
| 所在地 | 長野県小諸市西原700-1 | |
| 設立 | 1975年3月22日 | |
| 代表者 | 代表取締役社長　渡辺 稔 | |
| 資本金 | 4400万円 | |
| 従業員数 | 1960名（連結） | |
| 事業内容 | プラスチック成形用金型設計・製造、プラスチック成形加工 | |
| URL | http://www.yuwa-net.co.jp/ | |
| 関連会社 | 友華精密電子（呉江）有限公司、YUWA VIETNAM CO.,LTD.、FUJIFILM YUWA MEDICAL PRODUCTS VIETNAM COMPANY LIMITED | |

# ワッティー株式会社

# Delight Providerとして高付加価値製品を提供

## ――熱とセンサの2大技術で産業界を下支え

☑ 商社として創業したため盤石の提案営業力を持つ
☑ のびのびとした社風で、可能性に挑戦できる

　防災・防犯機器の卸売業として1967年に創業したワッティー。現在は3事業部体制で業務を推進している。「熱システム事業部」では、半導体製造装置向けを中心に、CTスキャンなど医療検査機器、包装機械、電車の座席用ヒータなど高精度のヒータの設計・製造を行う。神奈川県相模原市にある技術研究所では、時代の先を見据えての研究開発に取り組み、近年は窒化アルミ（セラミックヒータ）に注力。5秒で600℃まで昇温できるユニットの開発に成功している。

　「センサ事業部」では、"液体の水位制御"に最適な液面センサの設計・製造を行う。温水洗浄便座のタンクや自動車のエンジンオイルの検知などに使われるフロートスイッチ、化学薬品の水位検知などに使用されるフロートセンサなどである。医療器具、輸送機器、家電など用途分野は幅広く、製品の内部に組み込まれているため見えないものの、製品の性能を100％発揮させるために、非常に重要な役割を担う。

　「特機事業部」は創業時から手がけてきた商社機能を持つ事業部で、防災・防犯機器のほか、電設資材やインターホンなどの設備も扱う。

　菅波希衣子社長は、自社の技術を「とても未来のある技術」とし、次のように語る。

　「熱技術、センサ技術はともに特定の分野・産業

代表取締役社長
菅波 希衣子さん

に限らず、常に必要とされる技術です。可能性は無限大。お客さまの製品に組み込まれていくことによって、サーキュラーエコノミー（循環型経済）を下支えする製品になっていければと思っています」

## 「感動」を提供する製造業

　同社の理念は「Delight Providerとなる」こと、つまり「感動を提供する」ということだ。同社の製品は、ヒータもセンサも95％が顧客の要望に合わせて製造するカスタム品であり、だからこそ顧客に期待以上の提案をすることが求められる。

　「お客さまから的確なニーズを引き出して、お客さまと一緒に作り上げていくことが当社の得意技です。とはいえ、信用いただいていないと、お客さまは本当のニーズを話してくれません。当社がそれをできるのは、創業以来、代々しっかりとつながりを築き上げ、かつ深めてきたからです。

　たとえ当社ですべて解決できなくても、お客さまにメリットがある代案を提示しています。すべてメイド・イン・ジャパンであることも当社の強みです」（菅波社長）

　ユニークなのは、「感動」を軸にした社内風土を醸成していること。理念と紐付けた「デライトップ賞」を創設し、業務以外で社内外の人に「感動や喜び、励みを与えた社員」に授与しているのだ。また、代表賞（チームワークを評価）、会長賞（業績を評価）、社長賞（社長独自視点の評価）などにより、社員のモチベーション向上を促し、ワクワクする組織作りをしているのも特徴だ。

## 社長に「夢」を伝えるチャンスも

　社員の「やる気」を後押ししていこうという姿

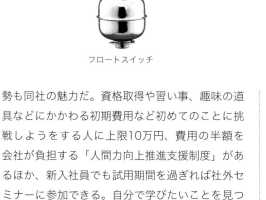
フロートスイッチ

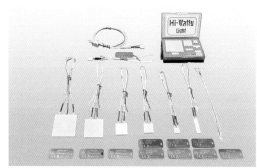
HI-WattyLight

勢も同社の魅力だ。資格取得や習い事、趣味の道具などにかかわる初期費用など初めてのことに挑戦しようをする人に上限10万円、費用の半額を会社が負担する「人間力向上推進支援制度」があるほか、新入社員でも試用期間を過ぎれば社外セミナーに参加できる。自分で学びたいことを見つけてきて上長が認めれば、全額会社がセミナーの受講費用を負担してくれるのだ。過去には、マシニングの技術を身につけたい、CADを学びたいという若手がセミナーに参加した実績がある。

また、1年に3回実施される菅波社長との面談では、働き方や仕事内容の希望を直接伝えること

も可能だ。

「ワッティーに携わる人の働きがいを高め、Win-Winになることは当たり前。ただ、働きやすい場というのはみんなで作り上げるもの。一人ひとりが行動した結果であり、だからこそ他責ではなく自責で行動し、やりたいことをやってほしいと願っています。一緒にワッティーを作っていこうという気概のある人とともに、仕事を通して世の中に貢献していきたいですね」(菅波社長)

チャレンジ意欲や知識欲があれば活躍の場は広がっていきそうだ。

**理系出身の若手社員に聞く**

## 自分流のノウハウを確立し長く働きたい

熱システム事業部技術研究所生産部
**高山莉菜**さん
(2018年入社)

元々モノづくりをしたいと思っていました。教授から勧められたこと、研究室での実験方法が活かせそうと感じたこと、社長の笑顔に魅了されたことから入社を決めました。今は半導体製造装置向けの小型ヒータのろう付け作業をメインにしながら、新製品の実験にも携わっています。私なりのろう付けノウハウを蓄積して新製品を世に出し、社会に貢献したいので長く働きたいと思っています。女性も多く楽しい職場です。育休取得後に復帰した先輩がいることも励みになっています。

| 会社DATA | | |
|---|---|
| 所在地 | 東京都品川区西五反田7-18-2 |
| 設立 | 1968年5月23日 |
| 代表者 | 代表取締役社長　菅波 希衣子 |
| 資本金 | 9500万円 |
| 従業員数 | 162人 |
| 事業内容 | 防犯関連機器の卸売、ヒータとセンサの製造 |
| URL | https://watty.co.jp/ |

# 株式会社熊防メタル

## 表面処理加工技術のパイオニア
──半導体や自動車関連から医療、航空、宇宙まで

＼記者の目／
ここに注目　→

- ☑ 挑戦を続けて仕事のやりがいと顧客満足を追求
- ☑ 設備と人材による多様な対応力が強み

### 表面処理加工技術のパイオニア

　自分自身の可能性を信じて夢と希望を持った明るく元気なチャレンジャーたれ──。熊防メタルの前田博明社長が全体朝礼で毎回、従業員に送るメッセージだ。仕事のやりがいや夢、目標をかなえるためにさまざまなことに挑戦できる会社。それが熊防メタルだ。

　同社は、熊本市内に本社と工場を構える。めっきやアルマイトに代表される表面処理加工技術のパイオニアだ。同社の表面処理の加工は、半導体や自動車、液晶、有機EL、光学機器、輸送機械、工作機械、医療、航空、宇宙など多岐にわたる。表面処理の対象は、ミクロン単位の超精密部品から大型機械まで材質や形状もさまざま。国際標準も取得し、環境方針に配慮した品質管理の元で表面処理に取り組んでいる。

　同社は、経済産業省の地域未来牽引企業にも選定されている。熊本県には台湾積体電路製造（TSMC）をはじめ、半導体や自動車関連など多くの企業の進出が続いており、熊本県に進出する多くの企業のサプライチェーンを構成する地域企業の一つとしてその役割と期待はいっそう高まっている。

　強みは顧客ニーズへの細かい対応力だ。工場に

代表取締役社長
**前田 博明**さん

は超精密部品から大型部品まで対応する9つの表面処理ラインを設置。顧客第一主義に支えられ、チャレンジ精神を持って顧客満足度を追求するスタッフが、一点物の試作品から量産品までさまざまな用途、仕様に最適な表面処理を顧客と共に研究し、工法を提案する。各種仕様に合わせた量産ライン、全自動ラインなど表面処理システムを設置しており、高精度、短納期、低コスト化を実現している。

　ミクロン単位の各種精密部品は、高度な技術力を持つエンジニアが責任を持って生産にあたる。一方、最大ワークサイズが3800×3200×300mmの国内最大級の大型めっきラインを備えており、液晶パネル製造装置や半導体製造装置、工作機械などの超大物パーツに対応する。

　研究機関や大学のシーズもビジネスに結びつけている。熊本県産業技術センターや熊本大学、崇城大学など地域の産学連携も推進。例えば同産業技術センターや熊本大とは、従来の表面処理の皮膜上に、樹脂の薄膜をコーティングして撥水（はっすい）性を高める新しい取組みを開発した。

　前田社長は、「何よりも誇れるのは多様な人材とチームワーク」と胸を張る。顧客からはさまざまな依頼が来る。顧客の信頼度ナンバー1を常に目指しており、そのためには顧客ニーズへの細かい対応力が重要だ。時として、難しい要望もある。顧客とパートナーとして信頼関係を築き、お互いがウインウインの関係であれば、現場の技術力も向上し、新技術開発につながる。前田社長は、「厳しい要求にも応える価値がある。対応力は今後もとことん追求しいく」と力を込める。

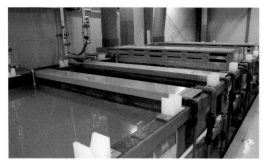

硬質アルマイト表面処理ラインの表面処理槽

硬質アルマイト表面処理ライン。タンク状の装置は加圧蒸気封孔装置

## 誇れる人材とチームワーク

同社が求める人材について前田社長は、「人間性を重要視している。次に、向上心が強い人、発想力が豊かな人」と強調する。同社では"ワンフォアオールオールフォアワン"という言葉にあるようなチームワークが伝統的に大切にされてきた。新しい仲間に対しても社全員が関わり、育てる社風がある。

社員同士のチームワークを大切にする社風は、ダイバーシティーの取組みにも現れている。多くの女性従業員、ベトナム人実習生、75歳を超えるベテラン営業マン、障がい者など多様な人材が戦力となっている。月1回、各部門の代表者による改善提案会議を実施。より働きやすい職場づくりに取り組んでいる。

採用は、地域の大学や高専、工業高校と緊密なパイプをつくる一方で、UIJターンの人材も歓迎している。デジタルの技能については、基本的には入社後に育成するというスタンスだ。むしろ社風との相性が求められる。

**理系出身の若手社員に聞く**

## 携わった製品がお客さまに届くことに喜び

入社後からの研修を終えて7月に現在の部署に配属になりました。主にめっき液など表面処理液剤の化学分析を担当しています。就職活動中に高校の卒業生を通じてこの会社を知りました。入社の決め手は、高校時代に専攻した化学系の知識を活かせそうな仕事だったことです。自分の化学分析が、めっき液の濃度を決定する判断材料になっており、責任とやりがいを感じます。液材管理に携わった製品がお客様に届くことに喜びを感じます。これからも液材管理を通じて会社と世の中に貢献したいです。

生産技術課
**徳永 真凛**さん
（2022年入社、熊本県立熊本工業高校
工業化学科卒業）

| 会社DATA | | |
|---|---|
| 所在地 | 熊本市東区長嶺西1-4-15 |
| 設立 | 2001年1月 |
| 代表者 | 代表取締役社長　前田 博明 |
| 資本金 | 2000万円 |
| 従業員数 | 206人（2022年12月） |
| 事業内容 | 無電解ニッケルめっき、アルマイト、電気めっきなど表面処理全般 |
| URL | https://www.kb-m.co.jp |

# ナカヤマ精密株式会社

## ナノメートルの超精密加工を実現する企業
──半導体関連の電子部品から医療まで

＼記者の目／
ここに注目 →
☑「メード・イン・ジャパン」にこだわったモノづくり
☑ 積極的な設備投資で技術力向上へ

　ナカヤマ精密は、超硬合金や耐摩耗精密工具を専門とする加工メーカー。大阪市内に本社を、熊本県内に二つの生産拠点を置く。営業所は従来の営業所に加え、2022年、新たに名古屋営業所を開設。各地の顧客ニーズをキャッチアップする。

　同社はナノ（ナノは10億分の1）メートル単位の加工を実現する技術力を持つ。半導体や自動車など、さまざまな分野で用いられる部品を製造する。自社で所有する工作機械のラインアップを充実させることで、顧客からの要望に応えられる環境を整える。

## 豊富な設備でモノづくりに挑む

　同社が掲げるのは、「メード・イン・ジャパン」のモノづくり。海外に生産拠点を置く企業も多いなか、国内生産を続けることで雇用を守る。中山愼一社長は「モノづくりの本質は、自分たちで作るということ。一歩ずつコツコツ進むことが会社発展の鍵だ」と思いを語る。生産に強みを持つLEDに関連する電子部品をはじめ自動車や半導体といった、さまざまな分野の製品を作る。今後は「新たな事業の柱として医療分野にも注力したい」（中山社長）と意気込む。

　設備投資にも余念がない。新たな生産拠点として「第二テクニカルセンター（仮称）」を熊本県菊陽町に建設中だ。これまで得意としていた小型部品加工だけでなく、大型の部品にも対応できるようにする。生産効率を向上させるための自動化にも取り組み、2023年7月の完成を見込む。生産力や技術力のさらなる強化を目指す。

　同社の強みのひとつが保有する機械の豊富さ。他社にはない設備に魅力を感じて入社を決めた学生もいる。近年は表面の微細な加工が可能なフェムト秒レーザー加工機を導入した。今後はコーティング炉も導入する。従来、コーティング加工は外注していたが、内製化することで短納期化を図るほか製品に長寿命化やメンテナンスの簡素化などの付加価値をつける。

　新しく導入した機械は専門チームが機能や加工可能範囲、使い方などを研究した後、製造現場に投入される。

　設備投資に積極的に取り組む理由を「顧客のニーズに応えるため」と中山社長は明かす。すぐに対応できなくても、社内の技術力を高めることで次に備える。

## 成長を実感できる職場

　人材育成については、丁寧な指導を心がける。新入社員は3カ月にわたって基礎研修や各製造現場での実習を終えた後、配属される。

　現場では先輩社員が近くで作業しており、わからないことがあればすぐに聞きに行ける環境が整備されている。仕事内容も簡単な加工から取り組むことで経験値を積み、徐々にレベルアップしていけるように配慮する。「セクションごとに5〜10名ほどで動いており、話しやすい雰囲気がある」（中山社長）という。

代表取締役社長
中山 愼一さん

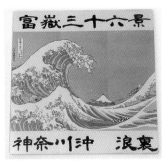

フェムト秒レーザーで製作したサンプル

第二テクニカルセンター（仮称）は2023年7月完成予定

福利厚生については産休や育休などの制度を完備。コロナ以前はバーベキュー大会などのレクリエーションも実施しており、社内全体でコミュニケーションが取れるような機会も設けていた。

売り上げや生産などの項目で過去最高の数字を出した場合、報奨金を支給するなど社員のモチベーションアップにもつながるような仕組みもある。共通の目標を持たせることで、チームの士気を上げる効果もあるそうだ。

個人の努力が反映されやすいのも中小企業で働く魅力のひとつ。中山社長は「毎年ひとつでも良いので、目標を持って達成できるように仕事に取り組んでほしい」と社員への思いを語る。

同社は2019年に創業50年を迎えた。中山社長は「末永く続く企業を目指したい。社員が定年を迎えるときに『ナカヤマ精密で働いて良かった』と思える企業でありたい」と意気込む。「メード・イン・ジャパン」のモノづくりをけん引する企業として、さらなる事業拡大、技術力向上に挑む。

## 理系出身の若手社員に聞く

### 日々、挑戦を重ねる

取り入れている機械の豊富さと整理された作業環境に魅力を感じて入社しました。

仕事で加工する部品は毎日異なります。ほかの部品との組み合わせなど、加工後の作業に不具合が生じないかといったシミュレーションを重ねたうえで作業を進めていきます。初めて加工する部品が多く難しさもあります。しかし、どのような加工ができるか考えながら仕事できるのは楽しく、やりがいもあります。

今後は高精度な加工や、最新の機械立ち上げにも携わってみたいです。

製造部 プロファイル研削盤加工担当
**棚倉 裕真**（たなくら・ゆうま）さん
（2018年入社、
九州職業能力開発大学校付属
川内職業能力開発短期大学校卒

**会社DATA**

| | |
|---|---|
| 所在地 | 大阪府大阪市淀川区西宮原2-1-3 |
| 設立 | 1969年6月 |
| 代表者 | 代表取締役社長　中山 愼一 |
| 資本金 | 9600万円 |
| 従業員数 | 224名（2022年12月1日） |
| 事業内容 | 超硬合金を主とする耐摩耗精密工具類および金型の設計・製造販売 |
| URL | http://www.nakayama-pre.co.jp |

# 日亜鋼業株式会社

## 線材加工製品の総合メーカー
──耐食性の高い針金で業界トップシェア

\ 記者の目 /
ここに注目 ➡
☑ 働きがいを感じながら自分を成長させる「自己実現」の場
☑ 営業・技術・製造部門が一体となったソリューション営業を展開

　日亜鋼業株式会社は線材加工製品の総合メーカーで、1908年の創業以来、業界の成長、発展に大きく貢献してきた。耐食性の高い針金（メッキ線）で業界トップシェアを誇る普通線材製品、自動車部品や電線などに用いる高強度な特殊線材製品、建築構造物の鉄骨を締結するボルト製品、耐食性・防護性に優れた獣害防護柵といった三次加工製品まで、同社の商品群が日常の社会生活の中で活躍の場を広げている。

　大西利典社長は、事業環境や鉄鋼市場の変化にフレキシブルに対応しながら一段と強靭な企業基盤を構築するために、「安全・品質・環境・防災・コンプライアンスの徹底追求」「つくる力と売る力の進化」「グループの総合力向上とシナジー効果発揮」「働き方改革の推進」の4つの経営方針を掲げ、グループ一丸で取り組みを進めている。

### 卓越したメッキ・線材加工技術と優れた商品開発力

　同社の最大の強みは「卓越したメッキ・線材加工技術と優れた商品開発力で生み出した多彩な高付加価値製品」。長年、時代のニーズに応え培った独自技術や製品は現在の業容にとって大きな財産となっている。

　特に線材製品では、素材（軟鋼線、硬鋼線）×

代表取締役社長
大西 利典さん

メッキ（亜鉛、亜鉛アルミ合金、三元合金）×加工（塗装・圧延・三次加工）の組合わせによる鉄鋼二次加工の一貫製造で、豊富な組合わせと各種設計を可能にする。三元合金メッキ線（タフガードシリーズ）や極厚メッキ線、カラー線といった高耐食のナンバーワン・オンリーワン商品を数多く市場に投入している。

### 顧客や社会のニーズに応えるソリューション営業

　同社では多彩な商品メニューと開発力を武器に、営業・技術・製造部門が一体となったソリューション営業を展開。海洋養殖の金網生簀や製紙用結束線などの用途開拓、補強土壁「ハイパープレメッシュ」の需要家との共同開発など、顧客や社会のニーズに応える形で新たな需要を創出する事業展開を実践している。

　今後も時代と環境の変化に柔軟に対応し、商品開発と技術革新を積み重ね、「ソリューション営業の展開と需要開拓の推進を通じて社会の発展に貢献していく」（大西社長）考えだ。

### サステナブルな社会実現への貢献とグローバルな事業展開

　同社は「メッキ技術で社会に貢献する」をキーワードに、サステナブルな社会の実現を目指している。環境にやさしい商品の提供（エコプロダクト）や、環境対策ニーズに応えるソリューションの提案（エコソリューション）、省エネ・$CO_2$削減効果を生む製造プロセスの変革（エコプロセス）などを通じて、環境経営の指針を具現化している。

　一方、成長する海外市場の需要獲得に取り組ん

製品検査の風景

カラー線などの製品

でいる。2012年にはタイにTATA STEELグループとメッキ線の合弁会社を設立。中国では需要家との協業で自動車向けメッキ鋼線事業を展開している。両国から世界各地域へ向けた製品輸出にも拍車がかかる。

　同社では、営業・技術・製造・管理部門が一体となって、顧客や社会のニーズ把握、マーケティング、商品・技術開発、営業施策、コスト改善などを検討するワーキンググループを設置。全部門が情報を共有し総力を結集して対策検討を行うことで、一層効果的なPDCA（計画、実行、評価、改善）を展開している。子会社との連携深化によ

るグループの総合力向上やシナジー効果の発揮も重要テーマと位置づけ推進している。

## 理工系出身社員に求めること

　「自社や顧客先の『現場・現物』を知って課題を見つける把握力とソリューション提案力を育てて欲しい。さらに専門分野の知見のみならず、幅広い視野を持った総合的な技術力を養ってほしい。入社後は一人ひとりが仕事を通じて達成感を得て、働きがいを感じながら自分を成長させる『自己実現』の場として当社を最大限に活用してほしい」（大西社長）

**理系出身の若手社員に聞く**

### 大学で培った研究が製品開発で活かされる

生産技術部
**山下 一晃**さん
（2011年入社）

　機械の導入や操業、メンテナンスおよび製品設計など多様な職域を総括的に管理する業務を担当しています。入社2年目の本社リフレッシュ工事は社業の全貌や仕事の進め方を把握する上で有用な経験になりました。業務内容は平線・フェンスなどの商品開発およびプロセス開発など多岐に渡ります。技術開発として幅広い仕事に携わることで多くの知識や技術が得られやりがいを感じています。また大学で培った工学系の基礎研究が製品開発において重要視され活動の自信に繋がっています。

**会社DATA**

| | |
|---|---|
| 所在地 | 兵庫県尼崎市道意町6-74 |
| 設立 | 1952年6月（1908年7月創業） |
| 代表者 | 代表取締役社長　大西 利典 |
| 資本金 | 107億円 |
| 従業員数 | 324名（2022年3月末） |
| 事業内容 | 鉄鋼二次製品製造 |
| URL | https://www.nichiasteel.co.jp |

# 株式会社キャドマック

## 40年以上続く、職人の「頭の中」を数値化する挑戦
—— 一つひとつの現場に向き合い板金加工メーカーの進化・成長をソフトウェアでサポート

＼記者の目／
ここに注目  ☑ 目に見えない、言葉にもできない「職人の技」を形にする難しさと面白さ
☑ 社員それぞれの生活を第一に考えた、働き方改革を推進

　街中にある工場の看板で「板金」（ばんきん）という文字を見かけたことがある人もいるだろう。板金とは読んで字のごとく金属の板を加工し、立体の部品を作り出す加工法のこと。具体的にはレーザ加工機で板を「切断」し、その切り出した板をベンディングマシンで「曲げ」、それらの部品を溶接で「つなげる」ことでさまざまな形を作り出す。製造された部品は自動車や建築、電子関連など幅広い分野で使用されており、日本の製造業を支える代表的な加工技術の1つだ。㈱キャドマックはそんな板金加工専門ソフトの開発・販売を約40年にわたって手がける。

### 職人の技術を残し、進化させるための3次元ソフト

　「金属を切って、曲げて、と言葉では簡単に言えますが、そこには必ず金属独特の塑性が作用する。職人はその影響を考慮しつつ勘・コツで調整をしますが、私たちの仕事は言わばこの頭の中で行われる調整を数式化してソフトの中で再現していくことです」そう話すのは髙垣内昇社長。当初は2次元CADを中心に開発していた同社だが、2011年頃からは3次元CADが開発の中心となっている。たとえば今注目の3次元展開用CADソフト「MACsheet SEG5」は作りたい形状を立体

代表取締役社長
髙垣内 昇さん

化（3Dモデル化）し編集、そのうえで展開図面を作成することができる。直感的な操作が可能で、細かな修正も簡単だ。

　板金加工の現場で長年活躍してきた職人は、図面から3次元形状の部品を頭の中で想像し、加工ができていた。しかしこのような職人は減少の一途で、製造する部品の形状も時代とともに複雑化している。また従来なら板金ではあまり扱わなかった厚板も機械性能向上を求める顧客から注文が増えてきた。今後3次元に対応したCADソフトの需要はますます高まっていくはずだ。

　そのほか、レーザ加工におけるネスティング機能を強化したCAD/CAMソフト「MACsheet IST」や曲げ加工のシミュレーションを行う「MACsheet BEND」、さらにクラウド型生産管理システム「Taktory」など、板金加工をサポートするソフトを幅広く展開。かゆい所に手が届く、利便性の高いソフトを開発する秘訣は「いかに現場に出向き顧客の話を聞くかだ。

　「どのソフトも開発後お客様の意見を聞きながら何度もバージョンアップをしてきました。板金加工と一口に言っても、それぞれのお客様の抱えている課題は違う。できる限り多くの現場で活用いただけるよう工夫を凝らすのが開発者の腕の見せ所です。お客様は、当社にとって共同開発者ともいえます」（髙垣内社長）

### コロナ禍すらチャンスに。誰もが働きやすい社内改革を実施

　同社の「変えていく」ことへの柔軟さは近年の働き方改革にも表れている。2020年、コロナ禍を発端に在宅勤務を取り入れた。さまざまなコ

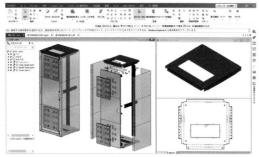
従来の職人がこなしてきた、立体の想像と図面化をソフトで実現。現場の生産性向上に貢献する「MACsheet SEG5」

YouTubeを積極的に活用し、ソフトの特色や活用イメージをわかりやすくPR

ミュニケーションツールやサービスをその都度取り入れて整備。今では社員の多くが積極的に在宅勤務を取り入れている。

また、直接の営業訪問ができないという状況をきっかけにオンラインを活用した商談やウェビナーを積極的に開催。なかなか伝わりにくいソフトウェアの特徴や利便性をPRするためにYouTubeチャンネルも開設した。30秒程度の専用CM動画などを公開し、入り口を広げるよう挑戦を続けている。

コロナ禍をきっかけとした上記の改革は多くが若手社員からの発案によるものだ。「何事も挑戦あるのみ。やりたいことをやって、思い切り失敗してほしい。それをバックアップするのが、会社の義務であり自分たちの仕事ですから」と髙垣内社長は言い切る。

現在、同社の目標は溶接関連の新たなソフト開発に着手すること。溶接の職人が精度の高い溶接を行うときに重視するのは何と、「匂いと音」！とのこと。さて、それをどう数値化するか、どんなソフトを開発すれば溶接職人の仕事を再現できるのか。課題は山積しているが、その分やりがいも大きい。今までにないソフトを、確実に必要とする場所に届ける。加工技術への好奇心と新しいものを作り出すことに達成感を持つ人材にはこれ以上ない環境だ。

**理系出身の若手社員に聞く**

## 家族と生活、そして仕事とやりがい。すべてを大切にできる環境

事業推進部 開発課
**倉岡 めぐみ**さん
（2021年7月入社）

主に板金加工に関する製品関連ファイルを一括して管理するソフト「MACsheet DataPocket」などの開発・バージョンアップなどを手がけています。小さな娘がおり仕事と家庭を両立できる環境を探していたのですが、面接時に「子供さんを第一に」と言ってもらい、入社を決めました。

業務で一番重要なのは「本当にそれは現場で使いやすいか」を実際の現場の使用状況と照らし合わせて考え抜くことと、とにかくやりたいことは挑戦すること。いつでも応援してもらえますし、皆からコメントをもらえるので日々やりがいを感じています。

| 会社DATA | | |
|---|---|---|
| 所在地 | 東京都大田区南千束1-4-1 | |
| 設立 | 1993年 | |
| 代表者 | 代表取締役社長　髙垣内 昇 | |
| 資本金 | 2200万円 | |
| 従業員数 | 38名 | |
| 事業内容 | シートメタル用3次元CADソフトウェア製品の開発、販売 | |
| URL | https://www.cadmac.net/ | |

# 株式会社 KSK

# ハード・ソフト・ネットワークを融合

## ──技術力×人間力で高品質のサービスを提供

\ 記者の目 /
ここに注目

☑ 半導体設計から業務システム開発、通信インフラの設計・構築まで幅広い事業領域

☑ チーム制を基本とした絆を強化するさまざまなエンゲージメント施策

## デジタル社会の進展を追い風に
## ビジネスチャンスが拡大

　半導体製品などの設計から、各種業務システム開発、企業のネットワーク構築・運用まで幅広いビジネスを展開するKSK。長引くコロナ禍により、行政のデジタル化や働き方改革などの新常態へのシフトは顕著に現れており、デジタル・トランスフォーメーション（DX）や5G、IoT等に関連する市場の拡大が期待されている。

　牧野信之社長は「コロナ禍をきっかけに日本社会のデジタル化の遅れが明らかになり、当社にはたくさんの仕事が寄せられている。デジタル社会の構築に向けて、我々が貢献できる分野が広がっている」と話す。

　KSKの事業は多様な半導体製品・メカトロニクスの設計を手がける「システムコア事業」、システム開発・インフラ構築・システムの運用保守を担う「ITソリューション事業」、通信インフラの設計・構築・運用をカバーする「ネットワークサービス事業」が3本柱。3つの事業を融合させ、社会や顧客のニーズの変化に合わせた柔軟なビジネスを展開している。

　2022年3月期の売上は10期、利益も9期連続の増収増益。好調の背景には成長分野への積極的展開が挙げられるが、最大の要因は、長年にわたって取り組んできた、技術力と人間力とのバランスが取れた人材育成システムの強化にある。

## 技術力と人間力のバランスが取れた
## 人材育成制度

　KSKは人材の確保と育成をグループ経営の最重要課題の1つに位置付ける。そのため、将来の事業発展に欠かせない新卒社員などの採用活動についても積極的に推進。新卒新入社員に対しては、KSKグループ独自の研修機関「KSKカレッジ」で最新の技術動向に対応した研修を実施している。KSKの人材育成方針については、「エンジニアは技術力も大事だが、同じように人間力が必要であるという考え方が根底にある」（牧野社長）。個人が持っている技術力を成果として発揮するために、技術力と人間力のバランスの取れた指導を常に念頭に置く。

　また、新卒社員一人ひとりに対しては、生活面を含めたさまざまな悩みを相談できる「アソシエイト」と、技術面を指導する「OJTリーダー」の2人が任命される。牧野社長はこうした教育システムを導入した狙いについて、「社員に孤独感を味わわせない、社員を孤立させない。そういう組織運営をしたいからだ」と力説する。

　新卒社員は入社後5カ月間、ビジネスマナーやチームワーク、ITの基礎などを学んだあと、技術的な専門研修に入り各種の資格取得にチャレンジする。その後もスキルロードマップをベースとした成長に向けた一人ひとりのキャリアプランが展開される。

## SDGsやエンゲージメントを重視した
## 人間中心の経営

　牧野社長は「当社は関心が高まっているSDGs

代表取締役社長
**牧野 信之**さん

技術力と人間力、バランスの取れた研修制度

チーム会議は情報共有だけでなく成長の場にも

（持続可能な開発目標）やエンゲージメント（絆・帰属）について、SDGsが策定される10年以上前から取り組んできた。経営理念として掲げる『敬天愛人』は人間中心の経営を実践することなんです」と説明する。「良い企業風土や良い人間関係が築かれていないと、良い仕事ができない」と牧野社長が語る通り、KSKではチームで共に協力しあいながら、顧客に貢献するという姿勢を貫く。

2020年6月以降、コロナ禍での従業員の孤立化を防ぐためのエンゲージメント施策の一環として、KSKでは食べ物や飲み物を用意してオンラインで懇談するオンライン版のバーベキュー実施に対する補助金制度を導入するなど、社内コミュニケーションの活性化を支援。社員同士が褒め讃え合う「Smileカード」という仕組みが社内システムに組み込まれていたり、このほかにも仲間と同じ本を読んで相互理解を深め合う読書会などがある。また、KSKは経済産業省・東京証券取引所による「健康経営銘柄」に4年連続で選ばれ、経済産業省・日本健康会議が共同で選出する「健康経営優良法人（ホワイト500）」にも6年連続で認定された。牧野社長は「これからも社員の健康維持と生産性の向上の同時実現を図りたい」と前を向く。

### 理系出身の若手社員に聞く

## 頼れる先輩・上司と共にチームで仕事ができる

プラットフォームエンジニアリング事業部
中山 幸聡さん（2017年入社）

ネットワークインフラの設計や技術情報のコンサルテーションをしています。入社後にネットワークインフラの構築や検証などを担当した後、2019年6月に現職に就き、昨年からチームリーダーを任されています。入社後に社内の資格取得奨励制度を活用し「仮想化」に関する資格を取得しました。実装が難しいと言われた（お客様からの）要求に応えられた時は、やり甲斐を感じます。当社の魅力は「チーム制」です。頼れる先輩・上司に囲まれた環境で成長することができ、実際に社員一人ひとりを孤独にさせないという風土を強く感じています。

| 会社DATA | | |
|---|---|---|
| 所在地 | 東京都稲城市百村1625-2 （拠点：日本橋・新宿・川崎・さいたま・浜松・刈谷・関西・熊本） | |
| 設立 | 1974年5月 | |
| 代表者 | 代表取締役会長　河村 具美 代表取締役社長　牧野 信之 | |
| 資本金 | 14億4846万円 | |
| 従業員数 | 2396人（連結、2022年9月） | |
| 事業内容 | システムコア事業、ITソリューション事業、ネットワークサービス事業 | |
| URL | https://www.ksk.co.jp/ | |

# 株式会社ウェーブロック・アドバンスト・テクノロジー

## 複合素材で車のデザイン変える
### ──めっき・塗装やガラスを超える性能のフィルム

＼記者の目／
ここに注目 →

☑ 個々の社員がやりたいことを追求し「白地に絵を描く」
☑ 欧米のEV中心に売り上げ拡大、新入社員も第一線で活躍

ウェーブロック・アドバンスト・テクノロジー（略称WAT）は、異なる特徴を持った素材を最適な組み合わせで提供し、付加価値のある製品を生み出している。その一つ、金属調加飾フィルムは金属と樹脂を組み合わせたフィルムで、金型にセットした後に溶融した樹脂を射出することで、フィルムと一体化した成形パーツが得られる。有害性が議論される物質が一部に含まれるめっきや塗装と比べ地球環境に優しい防錆であるうえ、電波・光線透過性、100色を超えるカラーバリエーションなど自動車の技術トレンド「CASE」（接続・自動運転・シェアリング・電動化）に向けて有利な技術的特徴を有している。

### 環境に優しく、電波・光線を透過

また、透明多層フィルムは、耐衝撃性に優れるポリカーボネート樹脂と、傷がつきにくいアクリル樹脂を積層させた機能性フィルムで、軽くて割れにくく、大型化や耐光性に優れ、ガラスよりも応用性がある。とくに自動車業界ではガソリン車から電気自動車（EV）、燃料電池車への転換によって、車の環境性能とデザインが大きく変わろうとしており、WATの技術・製品が脚光を浴びている。

製品の採用には勢いがついている。金属調加飾

代表取締役兼執行役員社長
**島田 康太郎**さん

フィルムの北米のEV採用事例は、フォード「マスタング」のフロント透過エンブレム、リヴィアン・オートモーティブのピックアップトラック、スポーツ用多目的車（SUV）のスキッドプレート（車が地面と接触した時に下側の損傷を防ぐ耐摩耗性材料）、米ゼネラル・モーターズ（GM）の「キャデラック・リリック」のドアパネル内装パーツとエンブレムなど。また、多層フィルムは独フォルクスワーゲン（VW）がこのほど日本で販売を始めたSUVタイプのEV「ID.4」のヘッドアップディスプレー向けに40cm角の大型透明多層フィルムを供給しており、ビッグネームがずらりと並ぶ。

世界でも数少ないこれらの技術を生み出す源は、人を大事にし、自由闊達で、やりがいのある社風だ。島田康太郎代表取締役兼執行役員社長は「当社の事業は答えがない中でやっており、"白地に絵を描く"ことが求められる。そこで大事にしているのは"メンバー一人ひとりがやりたいことと、当社がやりたいことがマッチできていること"だ。メンバーはどの方向に行くか、戦略を考えながら勉強やチャレンジを行い、夢を実現していってほしい」と話す。そのために島田社長は、半年に1回、メンバーにやりたいことを聞いている。考課は、1年でやるべきことを4項目くらい選んでもらい、「チャレンジできたか」「進めているか」「成果は出たか」を評価する。島田社長はメンバーに対し「失敗しても成功しても泣ける仕事をする」という思いで取り組むよう求めている。泣けるほどやったら、必ず次につながるからだ。こうしたトップの情熱から「立ち止まることは悪だ」というカルチャーが根付いている。

米GMに採用された金属調加飾フィルム。光が透過する

独VWのヘッドアップディスプレーに採用された透明多層フィルム

## 働きやすさ充実、全社員に教育支援

理系の新入社員はプロジェクトに最初から携わり、やりがいを感じてもらう。一方、語学系は技術メンバーとチームを構成し、プロジェクトをまとめる。語学力を活かして、先方と渡り合いながら成果を勝ち取っていく。制度上も、時間単位年休やフレックスタイム（コアタイムあり）、お子さんが小学校を卒業するまで利用できる育児短時間勤務制度、男性も育児休業が取得しやすい環境

整備など充実している。また、テレワークがしやすいような環境を構築しているほか、全従業員を対象に公募型研修としてeラーニングを導入し、教育面での投資を行っている。

WATの2022年3月期は売上高46億7000万円、営業利益3億4500万円で、24年3月期には同59億円、同5億円を計画している。欧米での売り上げ増加を背景に、23年3月期は約11億円の設備投資を行っている。売上高100億円突破が視野に入ってきた。

**理系出身の若手社員に聞く**

## やりたいことがやれる会社で、充実感がある

技術部
村重 達也さん
中林 優也さん
（2015年入社）

**村重さん** 工学院大学大学院化学応用学を修了して入社。車の内外装のフィルム開発で欧州案件を担当しています。ゼロハリバートンの旅行鞄のブロンズ色は私がつくりました。やりたいことをやらせてもらっています。風通しが良く、技術的な話を求められます。上長と相談すると、形になるのが早いです。

**中林さん** 東京電機大工学部を卒業して入社。車の内外装フィルム開発で北米案件を担当しています。北米案件は先行開発段階で話が来るようになり、リヴィアンには30色くらい持って単身、米国に行きました。任せてもらっているのでやりがいがあり、形になるのがうれしいです。

古河工場（茨城県）の技術部で働く（写真左から）村重さん、中林さん

| 会社DATA | | |
|---|---|---|
| 所在地 | 東京都中央区明石町8-1 | |
| 設立 | 2010年4月1日 | |
| 代表者 | 代表取締役兼執行役員社長　島田 康太郎 | |
| 資本金 | 1億円 | |
| 従業員数 | 118人 | |
| 事業内容 | 合成樹脂、各種材料の加工・販売およびコンサルティング | |
| URL | http://www.wavelock-at.co.jp/recruit/ | |

# ネオケミカル株式会社

## 化学品の蒸留工程を専門に受託
──研究開発支援から製品の量産まで幅広く対応

＼記者の目／
ここに注目 →
☑ 工場内のすべての仕事ができるように実務経験を積む
☑ 職場の同僚の推薦を基に頑張った人を年間で表彰

ネオケミカルは化学品の蒸留を専門に受託するメーカー。グラム単位の少量蒸留や研究開発支援からパイロットスケールでのトライアル生産、数100㌧レベルの製品製造まで、顧客の要望に幅広く対応している。蒸留は工業的に最も多く用いられている精製技術の一つで、混合物を蒸発させることによって沸点の異なる物質を分離する手法を指す。同社は沸点が近く、分離困難な化合物の精製を得意としており、現在、電子材料向けの特殊グレード製品を中心に蒸留作業を請け負っている。

1990年、石炭由来のクレゾールを蒸留し、塗料やレジスト向け材料を製造する会社としてスタートした。2006年に岡山工場（岡山市北区）が竣工。その後も生産設備の増設を進め、分離能力の高い蒸留塔のほか、熱によって重合や分解の恐れのある化合物を高真空の低温で蒸留する薄膜蒸留設備も整えた。また、製品の分析技術の向上や品質管理体制の整備にも力を入れる。

中平貴年社長は「電子材料向け製品は一般工業用の製品に比べて品質管理基準が厳しい。高い蒸留技術だけではなく、高度な分析技術や厳格な品質管理体制も兼ね備えていなければならない。そこは蒸留を専門に受託する会社の中でも抜きん出ている」と強調する。

代表取締役社長
中平 貴年さん

## 人の手をかけた製品づくりを展開

大規模な蒸留塔は屋外にあり、当日の天候によって放熱条件などが変化するほか、原料組成によっても最適な蒸留のための条件設定は異なる。さまざまな要素に目を配り、状況を見極めた上で、蒸留温度を微妙に調整するなど、細部にまで人の手をかけて作業を行う。「オペレーターの能力で製品の品質にも大きく差が出る。経験とノウハウを持った技術者を育成するために働く環境を整え、定着率を高め、蒸留技術の継承にも努めている」（中平社長）

岡山工場は24時間の稼働体制を敷く。現在、18人のスタッフで4つのグループをつくり、1日3交代で運営している。18人という人数は、同規模の蒸留受託会社の工場に比べて3分の2程度である。スタッフはそれぞれに専門職や担当業務を持つが、蒸留塔の運転管理や製品の分析業務、出荷の際のフォークリフトの運転など、工場内の仕事はすべてこなせるように実務経験や自己研さんを積んでいる。これにより、作業の急な予定変更などが生じた場合にも、近くにいるスタッフがバックアップ要員としてサポートすることができ、生産活動を一時的に止める必要もないという。

## 前に進み続けられる人材求む

社内では年に2回、全従業員を対象に面談を行う。中平社長が聞き手となり、時間をかけて会社や職場への要望や不満にも耳を傾ける。また、岡山工場では職場で頑張っている人や見習いたいと思っている同僚を従業員が3人ずつ推薦し、多くの票を得た人を表彰する制度も毎年実施してい

岡山工場にある蒸留塔

分析作業の様子

る。「それぞれの仕事のやり方や職場への貢献度など、私や工場長が見えていない部分もよく分かるので、多面的な評価につながっている。作業前に容器の洗浄を黙々とやっていたあるスタッフを複数の同僚が評価し、推薦したのを本人が知ったとき、『嬉しい』と涙を見せた姿は印象的だった」と中平社長は振り返る。

今後は蒸留工程の受託事業のほか、不純物などが多く、国産よりも品質の劣る輸入原材料をリファインするビジネスにも注力する。「今、自分たちが優位だと思っていることも、5年後には失われている可能性も高い。少しでも前に進まなければ、将来仕事はなくなる。人材も今がベストではなく、もっと良くならないかと考えられる人に来てほしい」と中平社長。常に前向きに仕事に向き合い、技術を磨き続けることができる「蒸留のスペシャリスト」をこれからも育てていくつもりだ。

**理系出身の若手社員に聞く**

## 提案や意見を聞いてもらいやすい職場環境

岡山工場品質課
**馬部 翔伍**さん
（2016年入社）

大学、大学院では有機化学を専攻しました。会社説明会に参加して初めて蒸留を専門にする会社があることを知りましたが、学んだことを活かせると感じ、入社しました。現在は小さなスケールの設備で蒸留を行い、製品を分析して量産へとつなぐ仕事をしています。最適な分離条件を探すのは時間もかかりますが、うまくいったときにはやりがいを感じます。同僚は20代、30代が中心で年齢も近く、自分の提案や意見を聞いてもらいやすいのがこの職場のいいところです。

**会社DATA**

| | |
|---|---|
| 所在地 | 大阪市中央区平野町3-4-2 |
| 設立 | 1990年6月5日 |
| 代表者 | 代表取締役社長　中平 貴年 |
| 資本金 | 9450万円 |
| 従業員数 | 30人 |
| 事業内容 | 受託蒸留事業 |
| URL | https://www.neo-chem.com/ |

# 株式会社テクノ経営総合研究所

## 製造業に特化したコンサル受注No.1
### ──3つの強みで日本のモノづくりを支える

＼記者の目／
ここに注目 ➡

☑ 自社でイチからコンサルタントを育成
☑ モノづくり企業の成長に携われる

1980年の創業以来、製造業に特化した「実践コンサルティング」を展開するテクノ経営総合研究所。生産部門を始め、開発、調達、物流、販売に至るまで、モノづくり現場の各プロセスにおける課題解決に最適なソリューションを提供している。その実績は実に4,500事業所に及び、独立系コンサルティング会社としてはトップを誇る。

その背景には「3つの強み」がある。まず、業務委託という雇用形態が多いコンサルティング業界にあって、同社のコンサルタントは100％正社員であること。平井康之専務は「当社は未経験の新人でも一人前に育てていくのが得意」と胸を張る。

2つめは独自に開発したコンサルティング手法VPM®（Value Producing Management）を展開していること。「これは例えればパソコンのOSのようなもので、社内のコンサルティングにおける共通言語です。"準備期間は3カ月"など、コンサルティングの大きな流れを定めています。そのOSの上に、各コンサルタントのスキルが乗り、クライアントの状況に応じたコンサルティングを提供することができます」（平井専務）

VPM®は同社におけるコンサルティングの基盤となるものであり、それが盤石であるからこそ新人がしっかりと育っていく。

専務執行役員
平井康之さん

3つめは、顧客との契約が公開セミナーをきっかけにしていることだ。

「コンサルティング会社の契約チャネルの多くは、口コミや銀行からの紹介ですが、当社では"興味がある人"に、セミナーに来ていただくことを起点としています。そこで当社のスキルに納得いただいてから契約して欲しいためです」（平井専務）

## 1つの会社を大改革に導く醍醐味

「3つの強み」が発揮できるのは、「日本のモノづくりを支える集団であり続ける」という理念があるからだ。加えて、コンサルタントたちが「モノづくりが好き」だということが大きい。多くのコンサルタントは製造業出身だが特定のモノづくりに携わるのではなく、日本経済を支えてきた「日本のモノづくり」を広く活性化させたいという熱意があるのだ。

「コンサルティングというとスマートなイメージですが、我々のコンサルティングはモノづくりの現場に入って、クライアントの従業員を巻き込んで課題解決に導く、ある意味非常に地道で人間味のある仕事です」

そう話す平井専務自身、多くの製造業の指導に携わり、生産性を倍増させたり、世界トップシェアに導いたり、年間1億5千万円もの製造コストを削減するなど、実績を残してきた。

「1つの企業を大改革することに携われるのは、この仕事の醍醐味です。コンサルタントの手腕によって、まるでドラマのようなことが起こります。他の仕事では味わえないやりがいに満ちています」

## 若いうちから実務経験を積める

コンサルティング業務は、高度な知識や豊富な

しっかりとした教育研修プログラムを個別に用意しています

"志のある若手"が部門や職種をこえて切磋琢磨する環境を用意しています

実践経験が必要だと思われがちだが、平井専務は「だからこそ未経験の若い人を、イチから我々で育てたい」と言い切る。

「経験が大事だからこそ、若いうちから当社で経験を積んで長く活躍してもらいたいのです。クライアントは製造業なので理系の知識は必須ですが、それはあくまでもベースの部分。未経験でも"自分たちが日本のモノづくり企業をリードしていくんだ"、という志があれば大歓迎です」

導入研修は、コンサルティングの基本習得および横のつながり強化のための「集合研修」と、配属先の所属長による「個別研修」の大きく2つで、その後先輩に同行する。1カ月で独り立ちするケースもあれば、1、2年かかることもあり、新人の能力に応じてじっくり育成している。

「やみくもな規模拡大は目指していませんが、いいコンサルタントを育てて指導先が増えれば、それだけ日本のモノづくりに貢献できます」と平井専務の視座は高い。

同社ではコンサルタントのほか、企業トップと交渉する機会も多いコンサルティング営業やシステム部門においても、"志のある若手"を募っている。自身も成長しながら、日本の製造業の活性化に携われるのは、同社ならではの魅力だ。

## 理系出身の若手社員に聞く

### 幅広く製造業の改善に携われる充実の日々

東日本事業部第3カンパニー
**和田 開**さん

コンサルタントは未知の分野でしたが、入社後教育が充実していたため、不安なく業務につけました。現在4、5社を担当し、月の半分は顧客先で指導、残りの半分はセミナー講師としてオンラインセミナー向けにプログラムを企画したり、講義動画を撮影したりしています。電機情報工学科の出身でメーカー志向でしたが、幅広く製造業に携わりたいと思い入社しました。指導先の企業が自分の助言を実行してくれて、それが成果につながっていくと、大きなやりがいを感じます。

| 会社DATA | | |
|---|---|---|
| 所在地 | 東京都千代田区九段北4-1-7 | |
| 設立 | 1980年9月1日 | |
| 代表者 | 代表取締役社長　隅谷 洋 | |
| 資本金 | 1億円 | |
| 従業員数 | 100人 | |
| 事業内容 | 製造業向けコンサルティング、セミナー開催、人材教育支援 | |
| URL | https://www.tmng.co.jp/ | |

# 株式会社テクノコア

## 技術力×人間力を磨く研修を提供
### ——延べ約1000社9千人のエンジニアを輩出！

＼記者の目／
ここに注目 →

☑ 独自プログラムによるITエンジニア養成校を運営
☑ 新人研修はみっちり6カ月！若手に多数チャンスあり！

システムエンジニア（SE）という職種は多くの場合、客先に常駐してシステム開発に携わる。SEを派遣するシステム会社は無数にあり差別化が難しいが、「ITエンジニアの養成・教育」を事業の柱としているのが、「感動を創造する」を企業理念に掲げるテクノコアだ。

1999年創業の同社は、2005年には「教育事業部」を立ち上げ、IT企業研修センター「AxiZ」の運営をスタート。現在まで延べ約1000社9000人のエンジニアを輩出している。研修には「新入社員向け」「既存社員向け（経験者向け）」の2パターンあり、主力サービスである「新入社員向け」はテクノコアオリジナルの研修プログラムをパッケージ化したクラス制の集合研修として提供。複数の企業の新入社員が同じ教室で学ぶ合同研修のため、会社は違っても「同期ができる」と、とくに新入社員が少人数の企業に好評だ。

鎌田景史社長は近年の研修について「単に技術的な内容だけでなく、開発手法の考え方、ヒューマンスキルの伸ばし方なども求められていると感じています。初任管理職の若手への接し方などコミュニケーションに関わる課題も多いですね」と指摘する。そうした声を拾いながら研修内容をリニューアルし続け、受講企業からは「技術だけではないプラスα（時間管理、仕事への向き合い方、

プレゼンテーション力など）が身に付く」と好評だ。

### 研修期間中に社長と新人が交流

鎌田社長がこだわるのは、顧客に対しても社員に対してもリアルでのコミュニケーションを大切にしていることだ。「コロナ禍で研修や業務がオンラインの時期もありましたが、やはりリアルで相手の表情を見ながら話すことに意味があります」（鎌田社長）

2021年度からは、鎌田社長自身が若手世代の教育に関わり、若手の思いや考えを知るべくコミュニケーションを活性化させている。2年間関わった感想として「今どきの若者に対して持っていた意識を変えられたことが大きいですね。今の子がさまざまなことに対して不安や不満を持ち解決方法として正論を主張したがるが、それは我々も同じだった。ただ、それを口に出せる時代になったことで今どきの若者の特徴としてさまざまな媒体で取り上げられ上の世代に面倒くさい存在として避けられて損をしている。メディアが作り出すイメージに惑わされず本当の姿がわかったことは今後の育成や仕事をしてもらう上でとても大きい」と時間をかけてじっくり話すリアル対面の重要性を再認識している。

テクノコアの新入社員が受講する研修期間は採用部署によって異なるが、2021年度は研修期間中の平日は社長と日報を通じてやり取りし、さらに毎週金曜日には社長と新人たちが食事をしながらのミーティングを実施し交流を深めた。2022年度は沖縄で3カ月の合宿研修を実施。この間、新人は日報の提出以外にも火～木曜日は社長と1人10分程度の面談をし、金曜日は食事をしながらのミーティングを実施した。今後も合宿研修を継続する。

代表取締役社長
鎌田 景史さん

技術研修で講師として活躍する小屋原さん

技術研修以外のサービスもリリース

「合宿研修は、技術スキルの習得もそうですが、一番は新人同士の関係性の構築が狙いです。本音で言い合える仲間を作って欲しいと思っています」(鎌田社長)

## 文系×理系でさらにパワーアップ

研修後は、システム事業部では先輩SEについて客先に赴くOJTが中心となり、教育事業部では翌年4月にリリースするシステムを新人たちだけで開発する。講師として教えるためには、テキストだけの知識ではなく開発経験から得られる活きた知識が必要だと考えるからだ。「勤怠管理システム」などのテーマが与えられ、企画からスケジューリング、試験運用まですべて新人が行う。

実は、ここ数年の新入社員は文系学部の出身者だ。逆に言えば、文系でも問題なくSEや講師になれるということで、テクノコアの研修プログラムの充実度を示している。

「とはいえ、吸収スピードが違います。やはり基礎的な素養がある理系出身者も必要です。今多くいる文系SEと合わさることで、さまざまな視点が生まれ、新サービスにつながるなど、よりおもしろい会社になっていくでしょう。私の仕事は自社の未来を担う人、つまり若手を育てること。新人は気持ちひとつで可能性に満ちています。そこに力をつける機会を提供するのが私の役割。若手にどんどんチャレンジしてほしいと思っています」(鎌田社長)

産業界のDX推進に伴い、多くの企業でIT人材の育成が急務となる中、技術力および人間力が獲得できる研修を提供している同社の価値はますます高まっていくだろう。それに伴い若手の活躍の場も広がっていくに違いない。

### 理系出身の若手社員に聞く

### 文系でもやる気さえあれば問題なし

教育事業部兼サービス企画室
**小屋原 陽樹**さん
(2021年入社)

文学部出身ですが研修がしっかりしているので問題ありません。現在はアシスタント職を務めていますが、研修がない時期はSEとして開発業務を経験しながら早く講師職になれるよう日々努力しています。大学時代、塾講師のアルバイトをして教える魅力にハマったこと、IT業界の可能性を感じたことが入社の理由です。決め手は鎌田社長の姿勢です。私が塾講師時代に大事にしていた「雑談力」を、社長も大切にしていたんです。実は面接では趣味のサッカーについて熱く語ってしまい盛り上がり…上級職もフレンドリーで働きやすい職場です。

| 会社DATA | | |
| --- | --- | --- |
| 所在地 | 東京都千代田区内神田1-18-13 | |
| 設立 | 1999年4月 | |
| 代表者 | 代表取締役社長　鎌田 景史 | |
| 資本金 | 5100万円 | |
| 従業員数 | 60人 | |
| 事業内容 | エンジニア向け研修・教育、ITシステムの設計・開発・運用 | |
| URL | https://www.techno-core.jp/ | |

Techno-core Corporation
AxiZ

# 株式会社ウイルテック

## モノづくりをサポートする伴走者として
——設計から製造、アフターサービス、海外事業まで幅広く

＼記者の目／
ここに注目 →
☑ 製造業に関する技術とノウハウを磨き製造受託も
☑ クラウドサービスなどDX推進支援でも若手エンジニアが活躍

ウイルテックは製造請負、機械・電機系技術者派遣から保守・メンテナンスなどのアフターサービスに至るまで、モノづくりを支える幅広いサービスを提供している。2020年3月に東京証券取引所第二部（当時）に上場し、2022年4月には、東証スタンダード市場に上場した。同社の強みは設計から製造、アフターサービスまで、モノづくりに関する一連のサービスを提供できるところ。

石井秀暁取締役は、「当社を一言で表せば、モノづくりサポートの会社です。事業内容としては、技術・製造サービスに加え、ロボット関連サービスや海外関連サービスなども手がけている」と説明する。「デジタル化など世の中の流れに沿って、お客様の要請に応えているため、顧客のすそ野も広がっている」（石井取締役）という。

製造業では、メーカーの自社工場が手狭であったり、開発をメインとした会社であるため製造や保守・メンテナンスは外部に委託する場合もある。こうしたメーカーに対し、同社は柔軟にソリューション（解決策）を提供できる。ほかにも、メーカーが急な増産対応などに追われたときに対応手段として、同社のサービスを活用できる。

### メーカーに負けず劣らずの品質を維持

ウイルテックは自社工場での製造請負も手がけ

取締役
**石井 秀暁**さん

ていて、「製造請負で伸びてきた会社ということもあり、品質の担保や品質を維持するための人財育成に力を注いでいる」と石井取締役は胸を張る。「メーカーと遜色のないクオリティ（品質）と体制を維持しているところが強みの一つ」（同）となっている。また、設備の保全やメンテナンスを手がけるフィールドエンジニアという職種も、製造業からは一定のニーズがある。

人財育成については、機械系のエンジニアの育成に10年以上取り組んでおり、最近では機械設計の受託ができる人財も育っている。製造サービスでは請負現場が多いこともあり、改善活動に力を入れている。

ここ数年、急激に人手不足となっているIT分野についても、3年前に育成体制を整えた。石井取締役は、「例えば、セールスフォース（顧客管理やマーケティングに関するクラウドサービス）をカスタマイズする開発受託の資格取得支援もしている」と説明。理系学生の間では最近、IT志向が強まっており、同社も顧客や学生のニーズの変化には敏感だ。

### 新卒のエンジニアは入社から1年間毎月フォローアップ

ウイルテックは4、5年ほど前から、エンジニアの新卒採用を本格化している。東証スタンダード市場に上場して会社の信頼度や認知度も高まり、採用増を見込む。同社が採用する新卒のエンジニアの領域を大きく分けると、機械・電気電子・IT・フィールドエンジニアの4つとなる。最近はITの人気が高いが、「当社は成り立ちが製造ということもあり、ユーザーもメーカーが多く、

「お客様の多様な課題の解決」をミッションとした『プロジェクトデザインセンター』を開設。ロボット展示施設も併設

さまざまな経験が積め、スキルアップについて相談ができる環境

機械系・電気電子系の人財も求められている。そういったところにも人財を広く求めていきたい」（石井取締役）。

メーカーではなくウイルテックで働くメリットについて、石井取締役は「アウトソーシングで働く強みは、いろいろなスキルを身につけることができ、さまざまな経験を積めるところ」だと説明する。同社は、一人ひとりにあったキャリアプラン実現に向けた制度設計も、用意している。

新卒入社の社員については、「キャリアコンサルティングができる部門（人財開発部）があり、

その部門が毎月面談をしてフォローをしている」と石井取締役。さらに、「ナレッジ共有会」を開き、仕事ぶりや資格取得に向けた勉強会の情報共有なども行っている。今後は、「エンジニア同士のコミュニケーションを活性化させ、エンゲージメントを向上させるエンジニア主体の組織（技術マネジメント課技術チーム）を試験的に2023年の4月に大阪でスタートする予定」（同）としている。石井取締役は、「当社で働くことにより、やりたいことを見つけ、自己実現をしてほしい」と学生にエールを送る。

**理系出身の若手社員に聞く**

## 自分の挑戦したいことができる 自由な雰囲気の会社

大学では素粒子物理学を専攻しており、モノづくりに興味があって製造業関係に進みたいと考えていました。ウイルテックを志望したのは、いろいろなモノを作ってみたいと思ったからです。研修期間中は、研修だけでなく資格の勉強にも時間を使わせてもらえるので、興味を持った資格にどんどんチャレンジしていました。現在は車両メーカーでCADを使用した設計業務に携わっています。自分のやりたいことに挑戦できる自由な雰囲気の会社で、スキルアップについて相談がしやすい体制が整っており、エンジニアとしての将来設計がしやすい環境です。

エンジニアリング事業本部
東日本技術事業部
横浜オフィス
中村 將さん
（2020年入社）

**会社DATA**

| | |
|---|---|
| 所在地 | 大阪市淀川区東三国4-3-1 |
| 設　立 | 1992年4月 |
| 代表者 | 代表取締役社長執行役員　宮城 力 |
| 資本金 | 1億3683万円 |
| 従業員数 | 5567名（2022年3月、グループ連結） |
| 事業内容 | 製造請負事業、製造派遣事業、製造装置受託事業、機電系技術者派遣事業、修理サービス事業、海外事業 |
| URL | https://www.willtec.jp/ |

# 株式会社オフテクス

## 研究開発力を武器に眼科医療に貢献
──コンタクトレンズケア用品と点眼薬を2本柱に

\記者の目/ ここに注目
- ☑ 新製品の開発力に自信を持ち、さらなる高みを目指す
- ☑ きれいな環境下でのモノづくり

オフテクスはコンタクトレンズケア用品および点眼薬の開発と製造・販売を手がける。コンタクトレンズケア用品事業と医薬品事業を2本柱とし、強みである研究開発力を活かしたユーザーへの貢献を推進する。「世界の眼科医療に貢献する」をミッションに掲げ、「グローバルアイケアカンパニー」を目指した事業展開に力を注いでいる。

米田穣社長は「現在はコンタクトレンズケアが中心であるが、将来的には国内だけでなく海外まで、点眼薬を含めたアイケア全体に事業領域を拡大したい」と先を見据える。ただ、目下の注力課題は国内市場のさらなる拡大である。「国内でシェアを拡大できる部分はまだまだある。当社は日本の企業なので、まずは国内市場の深耕を強化する。その次に海外市場の展開に力を入れる」と続ける。

### 研究開発から製造・販売を一貫

コンタクトレンズケア用品はコンタクトレンズと合わせて、コンタクトレンズメーカーが製造しているのがほとんど。一方、点眼薬については一般的に製薬会社が製造・販売を行っている。「当社はこの両方を手がけているのが特徴であり、研究開発から製造・販売まで一貫して行えるのが一番の強みである」（同）と、競合他社との違いを

代表取締役社長
**米田 穣**さん

強調する。

新製品の開発力に自信を持ち、さらなる高みを目指す同社が求める人材は、理工系で英語が話せる人材だ。点眼薬などの許認可に関わる業務もあるため、薬学部出身の人材も必要だという。人材不足が叫ばれる昨今、毎年、試行錯誤し、改善しながら採用活動を進めている。

### 点眼薬の市場拡大に注力

同社において理工系人材が活躍できるフィールドは、研究職以外にも臨床試験の企画や実施を行う業務、眼科医に対する学術営業的な業務、そのほか、薬事関係の業務などがある。また、研究開発から実生産につなげるプロセスに関わる業務などもあり、業務内容は幅広い。「こういった仕事は、やはり理工系以外の人材には難しいと思う」（同）と説明する。

現在、文科系社員と理工系社員の割合は半々程度。これまでの採用は理工系人材が多かったが、ここ1～2年は文科系人材の採用を多くしているという。研究開発型のイメージが強い同社であるが、製品の販売など社交性が求められる業務も重要であり、こういった対外的な業務に関しては文科系人材の方が、より適性が高いと考えるからだ。また、女性の適性や能力にも注目しており、同社では女性従業員の割合も高いという。

「業種柄、きれいな環境下でモノづくりをしており、オフィスは清潔感があり、明るい。こういったことも女性の応募につながっているのでは」（同）と評価している。

今後の展開で特に力を注ぐのは、点眼薬の知名度向上と需要拡大である。「点眼薬については特

左：クリアデュー ハイドロ:ワンステップ　右：クリアデュー プロケアソリューション

長があるものを提供しているが、市場での知名度は、まだまだ低い。この部分の認知度向上が目下の注力課題である」（同）と今後の展開について説明する。

2016年以降、業績は右肩上がりという同社。コンタクトレンズケア用品の新製品が好調だった

こともあり、今期は過去最高となる売上約52億円を記録した。今後も、強みである製品開発力を活かし "地方の会社でも世界を狙える、国内市場で存在感を出せる会社" "地域社会に根ざし、貢献できる会社" を目指して地域経済を盛り上げていく方針だ。

> 理系出身の社員に聞く

神戸研究所課長
**田井 枝里子**さん
（2008年入社）

## 潜在的な問題を発見し、解決策を世に広める

コンタクトレンズ装用者が抱える問題を解決するための製品を開発しています。また、これらの製品の特長を知ってもらうための訴求活動にも取り組んでいます。コンタクトレンズ装用者が気づいていない問題を発見し、これを世の中に伝えていくことができる重要な役割だと考えています。当社の製品を通して、コンタクトレンズユーザーの方々に、「快適な装用を続けられる」という価値を提供できることが、何よりのやりがいになっています。

| 会社DATA | | |
|---|---|---|
| 所在地 | 神戸市中央区港島南町5-2-4 | |
| 設立 | 1981年6月 | |
| 代表者 | 代表取締役社長　米田 穰 | |
| 資本金 | 1億円 | |
| 従業員数 | 210人 | |
| 業務内容 | コンタクトレンズケア用品および眼科医薬品の開発・製造・販売 | |
| URL | https://www.ophtecs.co.jp/ | |

# 三和シヤッター工業株式会社

## 業界トップの技術力・開発力
### ──大規模化する災害に対応

\記者の目/
ここに注目 →
- ☑ 大型プロジェクトも多く、ものづくりの楽しさを感じられる仕事
- ☑ 「プロ人材育成プラン」で徹底した研修・育成を実施

### マルチハザード対応に力

三和シヤッター工業はシャッターとスチールドアで国内シェアトップ。建材業界を代表する企業の一つとして知られる三和ホールディングスの中核事業会社で、グループは北米、欧州、アジアなどグローバルに事業を展開している。

主力商品のシャッターはもともと防犯用途がメインだったが、気候変動による自然災害の激甚化や2011年の東日本大震災発生を契機として、より災害対策の機能が重視されるようになった。同社も14年から防水商品を発売するなど、他社に先駆けて新商品・新技術を市場投入してきた。

現在は新たなステージとして防水、防火、防煙など複数の技術を組み合わせて高機能、多機能化し、"マルチハザード"対応に取り組む。地下街などに最適な防水・防火・防煙性能を併せ持つ「ウォーターガード 防水シャッター防火・防煙タイプ」は、21年に「防災・防疫製品大賞2021」を受賞した。

IoT（モノのインターネット）の分野では、スマホや人工知能（AI）スピーカーを用いて遠隔で窓シャッター、家電製品を管理するシステムなども提供。喫緊の課題となっている地球温暖化対策においても、生産工場などで再生可能エネルギー

の利用を推進するとともに、高速開閉で建物内温度の維持に貢献するシャッターや、断熱効果を高めた商品、屋上・壁面緑化商品などを積極的に展開。市場をリードし続けている。

### 建材を「納める」設計

業界トップ企業として同社の商品は、多種多様な規模、種類の案件に深く関わる。同社のビル設計グループ首都ビルシャッター・間仕切課はこうしたさまざまな建築現場で、ゼネコンなどの図面をもとに関係者とやりとりしながら「建材をきちんと（建物の構造にフィットするように細部の仕様・設計を確定し）納めていく」（古川享課長）のが仕事だ。取り扱うのはほとんどがフルオーダーの商品。古川課長は職場について「再開発案件や急増する物流倉庫の建設などでかなり忙しい状態」と笑顔を見せる。

図面とは異なる設計側の要請や、デザインにこだわった意匠の変更希望など、現場からはさまざまな要望が上がってくる。首都ビルシャッター・間仕切課ではこうした要請をもとに対応可能かどうかを判断する。そして必要なら商品の設計などをアレンジしたり、無理な場合はその理由を説明したりして建材の仕様の細部を確定し"納めていく"。「モノづくりの楽しさを感じることができる」（同）という。

シェアトップの同社だけに、参加するプロジェクトはランドマークとなる案件も多く、中には4年から5年かかる息の長い仕事もあるが、「有名な建物やプロジェクトに関わることができ、家族にも話ができる」のも仕事の魅力の一つだ。

首都ビルシャッター・間仕切課では取り扱う商

ビル設計グループ
首都ビルシャッター・
間仕切課 課長
**古川 享**さん

一番左が曲面ドアを採用したトイレブース"Rブース"

常に多くの案件があり、図面のやり取りを重ねる

品のほとんどが特注品で、ニッチな技術も必要なため、入社してからの教育・研修を徹底しており、「間仕切り壁の構造や躯体との接合部がどうなっているかなど、学校の勉強では学べない知識を習得してもらう」（同）新入社員は配属予定の職種ごとに設定された、工場、営業、施工、設計などの各部署をローテーションして研修・育成する「プロ人材育成プラン」に基づいて学ぶ。設計部門の場合、2年ほどの研修を経て正式に配属する仕組みだ。技術力や施工能力を維持するため技能者の教育・育成にも早くから力を入れており、人材育成に熱心なのも同社の特徴だ。

首都ビルシャッター・間仕切課の職場は女性も多く、明るい雰囲気という。そこで古川課長が一緒に働くことを望むのは「学生時代に部活や趣味など、何かに熱中して取り組んできた人」だ。商品へのニーズが多様化する中、ともに新しい商品や仕事を創出して競争力向上につなげるひたむきな人材を求めている。

**理系出身の若手社員に聞く**

## 深く掘り込んだ専門的な仕事ができる職場

ビル設計グループ
首都ビルシャッター・間仕切課
間仕切係
**長田 華奈**さん

昔から建物が好きで大学では建築を勉強しました。学校では広く浅く学びましたが、会社に入ったら深く専門的な仕事がしたいと思っていました。当社を選んだのは規模の大小や用途にとらわれず、さまざまな建築の案件に関われると思ったからです。2021年の4月から現在の職場に配属になり、随時15件以上の案件を扱い、現場と図面のやり取りを重ね工場への発注まで行っています。つらいこともありますが、世に出る前の建物に携わることができ、また自分の携わった案件が完成するのは本当に楽しみですし、仕事の励みにもなります。

| 会社DATA | | |
|---|---|---|
| 所在地 | 東京都板橋区新河岸2-3-5 | |
| 設立 | 1956年（持株会社化により2007年設立） | |
| 代表者 | 代表取締役社長　髙山 盟司 | |
| 資本金 | 5億円 | |
| 従業員数 | 3054人（2022年3月） | |
| 事業内容 | 各種シャッター、ドア、オーバーヘッドドア、住宅用窓シャッター、間仕切、エクステリア、ステンレス商品などの製造および販売、施工、メンテナンス | |
| URL | https://www.sanwa-ss.co.jp/ | |

# 丸善出版株式会社

## 理工系出身者こそ最適!後輩向けのテキストづくり
### ——Z世代の能力を取り入れてデジタル/グローバル時代を迎えたい

\記者の目/
ここに注目 →

☑ 学部・修士時代の勉強内容も業務に直結
☑ 女性マネジメント職が多く、風通しのよい社風

「研究者や技術者、学生の方々を対象に、研究の礎となる専門書をメインで手がけており、編集者の半数以上は理工系出身者」と丸善出版の特徴を紹介するのは、増田素美営業部長。同社は1869年に創業した丸善の出版事業を2011年に分社化、2019年には創業150周年を迎えた。各時代の「知」を数多くの読者に届けてきた同社は、主に理工・医薬・人文社会科学分野の老舗専門書出版社として読者に長く愛され続けており、代表格は、理科・サイエンスの基礎データなどをまとめた『理科年表』だ。実験や研究活動を一度でも行った経験のある理系出身者なら、誰でも目にしたことはあるだろう。

### 若手もベテランも企画を提案

同社の刊行物の大半は理工学分野が占めており、3割程度が人文社会科学分野、残りは医学やその他の分野が占める。特に『化学便覧』や『実験化学講座』などの化学分野が最多で、手がける編集者は化学・生物・生命科学系の卒業生が多い。「化学系は元々多いが、分野を限定するつもりはなく、建築系学生の製図向け定番書籍『建築設計資料集成』シリーズなど、理工学系全般に認知度は高い」(増田さん)

企画段階ではベテランから若手まで誰でも意見を出し、提案できるそうだ。「新企画は関係者全員でよく揉んで、形にする。意見出しに物怖じする必要はなく、新人の発想だからと即却下することもない」(同)

こうした風通しの良い社風こそ、多くの書籍を生み出せる強みの一つと言える。

著者は各分野で研究を行っている現役の大学教授や研究者。企画の相談や原稿を通じて最先端の知に触れ、科学の発展に貢献できるのもこの仕事の醍醐味といえる。

### 女性の多さ・働きやすさに伝統と自信

“風通し”が表れているのは、これだけではない。増田さんは「製造業などの業界と比べると、理工系では女性の比率が高い。産休育休といった制度は確実に定着しており、病気療養に対する休暇やリモート勤務などといった配慮も当たり前に行われている」と評価する。現在、女性マネジメント職は増田さんを含め、マネージャー全体の4割を占めている。

同社の本づくりは、企画から執筆者選定、編集までを一貫して企画・編集部が手がけており、分野別に1グループあたり3人から8人程度の7グループ体制となっている。2022年は約100点の新刊を刊行し、2023年も同水準の刊行を予定している。

### 「多様な分野に興味を持って、挑戦してほしい」

デジタル化やグローバル化が急激に進む昨今に向け、増田さんは「電子書籍や外国語版などにも力を入れている」と現状を語る。2022年には、シンガポールの出版社と共同で『理科年表』の英語版を出版した。増田さんによれば、サイエンス

営業部長
増田 素美さん

代表的な刊行物

オンラインサービス

の全分野を網羅したデータブックは、世界的にも類を見ないユニークなものだそうだ。

また、オンラインサービスとして、理科年表のwebページや化学レファレンスサイトの他、医学・看護の映像教材配信も展開している。課題はやはり、デジタルやグローバルに対応できる人材の確保だ。今後入社するZ世代に増田さんは期待を寄せる。

「専門にとらわれず多様な興味を持ってほしい」と、人事担当の青木寛子さんも声を揃える。「150年の歴史で積み重ねてきた、読者や著者から信頼のあるブランド。本づくりのプロセスや先生との

信頼関係の土壌があるので、安心して挑戦し、経験を積んでほしい」と、青木さんは続ける。

著者となる大学教授などとの折衝や、顧客との対話を重ねる営業担当者とも連携が必要なため、決して1人の力で書籍は完成しない。増田さんは「周囲と連携しながら自分の良さをチームに還元できる人に適している仕事」と分析する。「執筆する先生のよいところを引き出す、"裏で汗をかく"仕事が得意な人なら合う。学生生活から良いアイデアが浮かんだら、ぜひ面接の場で教えてほしい。仲間となって、一緒に形にしていきたい」と呼びかける。

**理系出身の若手社員に聞く**

## 勉強したことをそのまま活かせる仕事

企画・編集部 第一部 第4グループ
**南 一輝**さん
（2020年入社）

大学院時代に、丸善出版の編集者が本づくりについて語るイベントに遊びに行き、そこで編集者という職業を知りました。本と科学が大好きで、科学の面白さを伝えたいと考え就職しました。現在は主に理学や工学分野を担当しております。入社して1年目で担当した『結び目の数学』は、高校時代にも読んだことのある本で、仕事でも携わることができ特に思い入れがあります。

本という形で著者の思いをどのようにして読者に伝えるのかを考える上で、大学院で最先端の研究現場に立ち会えたことは非常に役立っています。理系から出版業にはあまり目が向かないと思いますが、実は皆さんが勉強したことをそのまま活かせる仕事です。候補に入れてみてはいかがですか？

**会社DATA**

| | |
|---|---|
| 所在地 | 東京都千代田区神田神保町2-17 |
| 設立 | 2011年2月1日（創業1869年） |
| 代表者 | 代表取締役社長　池田 和博 |
| 親会社 | 丸善CHIホールディングス株式会社（東証スタンダード市場） |
| 資本金 | 5000万円 |
| 従業員数 | 77人　2023年1月現在 |
| 事業内容 | 書籍の刊行、映像教材の製作・発売、学術情報データのオンライン提供など |
| URL | https://www.maruzen-publishing.co.jp/ |

# エリア別索引

## 関東

愛知産業株式会社（東京都品川区）

株式会社アンテックス（東京都港区）

株式会社ウェーブロック・アドバンスト・
　テクノロジー（東京都中央区）

川金ホールディングス株式会社（埼玉県川口市）

株式会社キャドマック（東京都大田区）

京和工業株式会社（東京都江戸川区）

株式会社KSK（東京都稲城市）

光陽産業株式会社（東京都品川区）

酒井重工業株式会社（東京都港区）

三和シヤッター工業株式会社（東京都板橋区）

株式会社タニタ（東京都板橋区）

株式会社ツガミ（東京都中央区）

テイ・エス テック株式会社（埼玉県朝霞市）

株式会社テクノ経営総合研究所（東京都千代田区）

株式会社テクノコア（東京都千代田区）

ナプソン株式会社（東京都江東区）

株式会社ハーモニック・ドライブ・システムズ
　（東京都品川区）

丸善出版株式会社（東京都千代田区）

ワッティー株式会社（東京都品川区）

## 甲信越

長野オートメーション株式会社（長野県上田市）

株式会社ユウワ（長野県小諸市）

## 東海

株式会社三進製作所（名古屋市中村区）

株式会社スギヤマメカレトロ（岐阜県本巣市）

株式会社東海機械製作所（愛知県岡崎市）

中日本炉工業株式会社（愛知県あま市）

名古屋特殊鋼株式会社（愛知県犬山市）

三鈴工機株式会社（三重県四日市市）

## 近畿

株式会社ウイルテック（大阪市淀川区）

株式会社オフテクス（神戸市中央区）

ダイヤモンドエレクトリックホールディングス
　株式会社（大阪市淀川区）

ナカヤマ精密株式会社（大阪市淀川区）

日亜鋼業株式会社（兵庫県尼崎市）

ネオケミカル株式会社（大阪市中央区）

株式会社不二鉄工所（大阪府交野市）

株式会社フジワーク（大阪市北区）

## 中国・四国

KBK エンジニアリング株式会社（岡山県倉敷市）

## 九州

株式会社熊防メタル（熊本市東区）

# 社名索引

NDC 335

**2024年版**
**スキルを活かす！ 理系・語学系×企業　ジョブマッチング**

2023年2月1日　初版1刷発行　　　　　　　　　　定価はカバーに表示してあります。

ⓒ編　者　　　日刊工業新聞特別取材班
　発行者　　　井水治博
　発行所　　　日刊工業新聞社　〒103-8548 東京都中央区日本橋小網町14番1号
　　　　　　　書籍編集部　　　電話 03-5644-7490
　　　　　　　販売・管理部　　電話 03-5644-7410
　　　　　　　FAX　　　　　　03-5644-7400
　　　　　　　振替口座　　　　00190-2-186076
　　　　　　　URL　　　　　　https://pub.nikkan.co.jp/
　　　　　　　e-mail　　　　　info@media.nikkan.co.jp

カバーデザイン　ラグタイム
写真　鮫島直樹（座談会）
印刷・製本　　新日本印刷（株）

2023 Printed in Japan　　落丁・乱丁本はお取り替えいたします。
ISBN　978-4-526-08259-7　C3034
本書の無断複写は、著作権法上の例外を除き、禁じられています。